AF460100

CÉLÉBRATION
DU CENTENAIRE
DE
LÉOPOLD DELISLE

24 OCTOBRE 1826-22 JUILLET 1910

VALOGNES

7 NOVEMBRE 1926

CÉLÉBRATION
DU CENTENAIRE
DE
LÉOPOLD DELISLE

24 OCTOBRE 1826-22 JUILLET 1910

VALOGNES

7 NOVEMBRE 1926

L Delisle

LÉOPOLD DELISLE

1826-1910

IMP. CATALA FRÈRES, PARIS.

CÉLÉBRATION DU CENTENAIRE

DE

LÉOPOLD DELISLE

La Société archéologique, artistique, littéraire et scientifique de Valognes, présidée par M. J. Cauvin, reconnaissante à Léopold Delisle de la place qu'il a faite à la Normandie dans ses études et dans son œuvre, et désireuse de consacrer son souvenir dans sa ville natale, avait décidé, au mois de mai dernier, de célébrer le centenaire de l'illustre savant par l'apposition d'une plaque sur la maison où il a vu le jour, à Valognes, le 24 octobre 1826.

En même temps, un groupe d'anciens collaborateurs, disciples et admirateurs de Léopold Delisle, à Paris et en Normandie, s'étaient constitués en Comité [1], en vue de seconder le projet de la Société archéologique de Valognes. De nombreuses adhésions ont répondu à l'appel de ce Comité et ont permis de donner à la manifestation projetée une ampleur digne de la renommée mondiale de Léopold Delisle.

La commémoration du Centenaire de Léopold DELISLE a eu lieu à Valognes le 7 novembre 1926, sous la présidence de M. Joseph Cauvin, président de la Société archéologique de Valognes, assisté de M. Henri Omont, délégué de l'Académie des inscriptions et belles-lettres, et de M. A. Vidier, représentant M. le ministre de l'Instruction publique et des Beaux-Arts.

Une nombreuse assistance s'est réunie à quatorze heures dans la salle des fêtes de l'hôtel de ville, ornée du buste en bronze de

1. La circulaire, adressée le 16 mai 1926, au nom de ce Comité était signée de MM. H. Omont, président, J. Cauvin, Ch.-V. Langlois et M. Prou, vice-présidents, P. Le Cacheux et A. Vidier, secrétaires-trésoriers ; elle comprenait une cinquantaine de représentants de l'Académie des inscriptions et belles-lettres, de l'École des chartes, du Comité des Travaux historiques, des principales sociétés savantes de Paris et des cinq départements de la Normandie

Léopold Delisle, offert par sa famille, et décorée de drapeaux et de verdure.

La famille Delisle était représentée par Mme Xavier Delisle et Mlle Geneviève Delisle, par MM. René Delisle, Léopold Delisle, conseiller général de la Manche, Gaston Delisle, Alain Delisle et Xavier Delisle, conseiller général de la Manche.

M. le Préfet de la Manche était représenté par M. Vrin, ancien sous-préfet de Valognes ; M. le Préfet du Calvados, par M. Sauvage, archiviste départemental ; M. le Préfet de l'Eure, par M. Baudot, archiviste départemental ; M. le Préfet de la Seine-Inférieure, par M. Paul Le Cacheux, archiviste départemental.

Parmi les personnes présentes se trouvaient :

M. Villault-Duchesnois, député et conseiller général de la Manche ; M. Blaisot, député du Calvados.

MM. le Dr de Fontbonne, Grillard, Dr Le Cacheux, conseiller d'arrondissement, Dr Leprieur, Rostand, conseillers généraux de la Manche.

MM. Poutas-Larue, maire de Valognes, Le Graverend et Carré, adjoints au maire de Valognes, membres de la Société archéologique.

M. Quoniam, président de la Chambre de commerce de Cherbourg et de Valognes, M. Thomas-Lacroix, archiviste de la Manche.

MM. le Dr Moissy, vice-président de la Société archéologique de Valognes ; Asselin, officier mécanicien de la marine en retraite, à Portbail ; Benoît-Guyod, lieutenant de gendarmerie ; Blaisot, ancien négociant ; Chaplain, procureur de la République, et Mme Chaplain ; Fauvel, avoué, et Mme Fauvel ; Mlle Guérin, directrice de l'École supérieure de filles ; Guillemoteau, principal du collège, et Mme Guillemoteau ; Hallot, propriétaire ; Le Bouteiller, architecte de l'arrondissement ; Le Cannellier, avocat, ancien bâtonnier, archiviste et conservateur du musée ; Leconte, ancien receveur municipal ; Lemeland, ancien négociant ; Lepelletier, avoué, et Mme Lepelletier ; Le Révérend, imprimeur, directeur du journal *l'Union*, et Mme Le Révérend ; Mlle Metton, propriétaire ; R. Oury, propriétaire ; Pillu-Rolland, imprimeur, directeur du journal *l'Arrondissement ;* Prunier, notaire à Saint-Sauveur-le-Vicomte ; le chanoine Robine, curé-archiprêtre de Valognes ; Sirard, juge de paix ; Tournel, notaire honoraire ; Viel, propriétaire, membres de la Société archéologique de Valognes.

M. le Dr Leclerc, président de la Société d'agriculture, d'archéologie et d'histoire naturelle de la Manche ; Mme Louis Alibert ;

MM. Ameline, Davodet, ancien inspecteur de l'Assistance publique; Dr Lavoix; Lebas, avocat, ancien bâtonnier; Merlier; Dr Thomas, ancien maire de Saint-Lô, ancien conseiller général; Thomine, avoué; Dr Ygouf, membres de la Société d'agriculture, d'archéologie et d'histoire naturelle de la Manche.

Mmes Badoinot et Dumesnil; Mlles de la Baronnais et Sorel; MM. A. Bois, receveur des postes et télégraphes en retraite; Bourget, chef de brigade de gendarmerie; Duhamel, ancien greffier de justice de paix; Laurent; Frédéric Fontaine de Resbecq; Goubaux; Jean Halley, négociant à Cherbourg; Le Crosnier, professeur au collège; Lemarquand, pharmacien; Le Métais, bibliothécaire municipal; Lepelletier, commissaire-priseur; commandant Ourdan, capitaine de vaisseau en retraite; l'abbé Sévestre, chargé de cours à l'École des hautes études; Sorel, notaire à Saint-Sauveur-le-Vicomte, etc.

S'étaient excusés :

S. É. le cardinal Ehrle, Mme Léopold Pannier, M. le Préfet de l'Orne;

MM. J. de Beaurepaire, président de la Société des Bibliophiles rouennais; Ch. Bémont, membre de l'Institut; A. Blanchet, membre de l'Institut; C. Couderc, président de la Société de l'Histoire de France; H. Courteault, président de la Société de l'École des chartes; Dr Coutan, vice-président de la Commission départementale des antiquités de la Seine-Inférieure; René Fage, correspondant de l'Institut; Paul Fournier, membre de l'Institut; Genestal, professeur à la Faculté de droit de Caen; J. Guillaume, conservateur de la bibliothèque de Caen; comte A. de Laborde, membre de l'Institut; Ch.-V. Langlois, membre de l'Institut, directeur des Archives; Ph. Lauer, président de la Société nationale des Antiquaires de France; G. Lefèvre-Pontalis, président de la Société de l'histoire de Paris et de l'Ile-de-France; Le Tonnelier, archiviste de l'Isère; Léon Levillain, professeur au lycée Janson de Sailly; L. Mirot, secrétaire de la Société de l'École des chartes; pasteur J. Pannier; H. Prentout, professeur à la Faculté des lettres de Caen; Maurice Prou, membre de l'Institut, directeur de l'École des chartes; abbé Simon, président de la Société historique de Lisieux; H. Tournoüer, conseiller général de l'Orne, président de la Fédération des Sociétés normandes.

La réunion tenue à l'hôtel de ville a comporté une conférence de M. Paul Le Cacheux sur *Léopold Delisle historien normand*, et des discours de M. le président J. Cauvin et de M. H. Omont.

CONFÉRENCE DE M. PAUL LE CACHEUX

Messieurs,

Le grand savant dont nous célébrons aujourd'hui le centenaire a vécu une existence enviable, et que l'on pourrait dire heureuse, s'il était permis de juger du bonheur sur les seules apparences. Admirablement ordonnée dans un cadre unique au monde et qui semblait fait pour elle, celui de la Bibliothèque nationale, consacrée tout entière à l'étude, cette vie s'est prolongée sans défaillances jusqu'aux limites de l'extrême vieillesse, et elle n'a pas cessé un seul instant d'être utile à la science et au pays. La science, Léopold Delisle l'a servie, pendant soixante-cinq ans, avec une ardeur passionnée : elle ne s'est pas montrée ingrate envers lui. Non seulement elle lui a procuré, comme à tous ceux qui se donnent à elle, de nobles et délicates jouissances ; mais elle lui a valu les plus grands honneurs, les plus hautes dignités auxquels un savant puisse prétendre. Et par une rare faveur du destin, la gloire, qu'il devait à son seul mérite, lui est venue très tôt. A peine âgé de trente ans, il a déjà obtenu deux fois, de l'Académie des Inscriptions, le grand prix Gobert. A trente et un ans, il est membre de l'Institut. Entré en 1852 à la Bibliothèque nationale, il y gravit, échelon par échelon, tous les degrés de la hiérarchie, jusqu'au poste suprême d'administrateur général, qui lui est confié en 1874, quand il n'a pas encore atteint la cinquantaine. Et c'est alors, à des intervalles très rapprochés — car, dans la voie où il s'est engagé, il double les étapes — une suite ininterrompue de titres et de distinctions qu'il serait trop long d'énumérer. En 1902 et 1903, nous assistâmes — il vous en souvient — aux fêtes si touchantes de son jubilé.

Les hommages lui vinrent alors de toutes les contrées du monde où les études historiques sont en honneur — consécration d'une renommée qui avait franchi depuis longtemps les frontières de notre pays et qui servait si bien, à l'étranger comme chez nous, la cause de l'érudition française. En vérité, Messieurs, Barbey d'Aurevilly a eu tort lorsqu'un jour, dans un accès de mélancolie hautaine, il a laissé tomber de sa plume cette phrase : « La plus belle destinée : avoir du génie et rester obscur !... » La plus belle destinée pour un savant n'est-elle pas de contribuer par ses travaux au progrès de la science et au rayonnement du prestige de son pays, de voir son mérite reconnu par ceux-là mêmes qui sont le plus en mesure de l'apprécier, et, sa tâche terminée, de se survivre dans des disciples qui continuent son œuvre, transmettent sa doctrine et, devenus des maîtres à leur tour, sont la preuve vivante de l'efficacité de sa méthode et de la valeur de son enseignement !

Devant un auditoire où figurent quelques-uns d'entre eux, et des plus illustres, je n'aurai pas la témérité d'entreprendre une étude complète de Léopold Delisle. Analyser son œuvre, mettre en lumière les traits caractéristiques de son talent, montrer combien était justifiée la situation exceptionnelle qu'il occupait dans le monde savant, c'est là une tâche qui, pour être convenablement remplie, exige d'autres titres que celui d'avoir reçu du maître, pendant les vingt dernières années de sa vie, de nombreuses marques de bienveillance et de lui être resté uni par les liens d'une respectueuse gratitude et d'un filial attachement. Et, d'ailleurs, au lendemain de sa mort, dans l'émotion causée par cette fin soudaine qui nous surprit tous, comme si la lumière qui éclairait notre route venait de s'éteindre brusquement, tout n'a-t-il pas été dit sur le savant éminent dont nous déplorions la perte? On a glorifié alors comme il convenait l'étendue et le prestige de son savoir et la parfaite dignité de sa vie. Des voix autorisées ont loué en lui le paléographe incomparable, si expert à déchiffrer les anciennes écritures et à reconnaître les anciens textes qu'on recourait à sa compétence dans tous les cas difficiles et que ses jugements avaient force de loi ; le diplomatiste habile, émule des Du Cange et des Mabillon, qui, des principes posés au XVIIe siècle, a su déduire tout un ensemble de règles pratiques et les exposer dans de nombreux mémoires, généralement très courts, mais pleins de clarté, de précision et de substance ; le maître qui, sans avoir jamais professé *ex cathedra*, a formé tant de bons élèves, exercé sur la direction des études à l'École des chartes une si heureuse influence, servi de guide et de modèle à tant de bibliothécaires et d'archivistes. On l'a considéré avec raison comme le chef de toute une école de travailleurs qui a singulièrement élargi le domaine de nos connaissances bibliographiques et, en portant à sa perfection l'art de découvrir l'origine, de fixer la date et de reconnaître la famille de nos vieux manuscrits latins et français, a complètement renouvelé l'histoire littéraire du moyen âge. Mais ce sont là des points sur lesquels vous ne me pardonneriez pas d'insister. En nous convoquant aujourd'hui dans cette ville, la Société archéologique de Valognes a obéi à une pieuse pensée : elle a voulu rappeler les services de toute sorte que Léopold Delisle a rendus à l'histoire de Normandie et honorer en lui le grand Normand resté fidèle à sa province. Envisagé sous ce point de vue, il est assurément de tous les historiens normands du XIXe siècle celui qui s'est acquis le plus de titres à la reconnaissance de ses compatriotes.

Les travaux que Léopold Delisle a consacrés à l'histoire de Normandie n'ont pas seulement une valeur intrinsèque considérable : ils présentent cette particularité d'avoir été, pour la plupart, exécutés ou ébauchés pendant la période de sa vie qui précéda son entrée à la Bibliothèque nationale et d'être ainsi, en quelque sorte, le fruit de recherches spontanées qui nous renseignent de la façon la plus certaine sur ses tendances intellectuelles et sur ses goûts. Ces travaux ne portent guère sur l'époque antérieure à Guillaume le Conquérant et ne dépassent point la Renaissance. Il faut en excepter quelques articles de jeunesse retrouvés par M. Xavier Delisle dans la petite bibliothèque familiale de la rue des Religieuses et qui concernent l'histoire de Valognes pendant la Révolution : ce sont les essais extrêmement intéressants d'un esprit qui cherche sa voie, auquel rien de ce qui se rapporte à sa ville natale n'est indifférent, et que sa curiosité entraîne dans une direction qu'il devait bien vite abandonner. Ainsi les préférences de Delisle au début de sa carrière sont très nettes. Elles ne l'inclinent pas vers les époques où il y a pénurie presque complète de documents et où il est souvent nécessaire de remplacer les textes par des hypothèses. Il ne se sent pas attiré davantage vers celles où il y a une telle abondance de sources que l'on est comme submergé par elles. Il préfère les époques moyennes et stables, où l'on peut, sinon tout, du moins à peu près tout connaître, parce que les textes sont relativement nombreux, suffisamment explicites et que les institutions fonctionnent régulièrement, sans tomber encore dans la bureaucratie. En un mot, il aime l'histoire et dédaigne ou écarte la curiosité. Et c'est là un trait de caractère que l'on retrouve en lui pendant toute sa vie.

Ce grand savant, en effet, était la prudence même. Cela ressort de la méthode qui présidait à ses travaux. Lorsqu'un texte offrant quelques difficultés d'interprétation était soumis à son examen, il l'étudiait d'abord en soi, d'une façon aussi détaillée et aussi achevée que possible, ne négligeant aucun point ni aucun côté, sachant tirer parti de la moindre indication. Il usait ensuite de rapprochements et de comparaisons, que sa prodigieuse mémoire lui rendait faciles. Ce n'est qu'à la dernière extrémité qu'il recourait aux hypothèses. Et encore le faisait-il avec modération. « D'une façon générale, disait-il, je n'aime pas les observations trop hardies. » Un jour qu'il s'était efforcé de restituer, par une série de conjectures, les éléments d'une pièce d'archives (une lettre d'un habitant de la Rochelle à Blanche de Castille) et qu'il y était parvenu en partie : « Si j'allais plus loin, dit-il, je serais téméraire. » Et, dans un sujet tout différent, traitant, à propos des *Dictionnaires topographiques*, de la transformation des noms de lieu : « On ne saurait être trop réservé, déclare-t-il, en étudiant ces questions très délicates, et il faut s'avancer avec des précautions extrêmes. » Cette réserve, il l'apportait dans toutes les circonstances de la vie, et il était difficile de l'en faire sortir. On y a vu la prudence traditionnelle du Normand qui, en affaires, n'aime à dire ni oui ni non. Certes, il y a loin de ce parti pris de circonspection à la belle assurance du Parisien des *Lettres Persanes* qui, en un quart d'heure, décide trois questions de morale, quatre problèmes historiques et cinq points de physique. Mais M. Perrot reconnaît que cette attitude de Delisle provenait bien plutôt d'un scrupule d'honnêteté que de la crainte de s'engager, et elle n'a pas peu contribué, dit-il, à établir son autorité scientifique. « On le savait résolu à n'affirmer que lorsqu'il avait en main la preuve de ses assertions. Aussi était-on disposé à croire qu'il ne se trompait jamais. On avait presque la superstition de son infaillibilité. »

Dans un discours prononcé en 1890 à la séance publique annuelle de notre Société des Antiquaires, Delisle a avoué lui-même qu'au début de sa carrière il se proposait de concentrer tous ses efforts sur les annales et les institutions de la Normandie. Avec un peu de tristesse, il ajoutait : « Les événements en ont décidé autrement ; ils m'ont jeté bien loin des régions qu'à l'origine je voulais explorer ; mais, dans mes pérégrinations, je n'ai jamais perdu de vue les côtes de notre province. » Ce n'est pas seulement aux côtes de la Normandie, à son département de la Manche baigné par l'Océan, c'est au pays normand tout entier qu'il est resté inviolablement fidèle. Il est curieux de constater que, dans la Bibliographie de ses œuvres, qui dépasse le chiffre de 2,100 unités, le premier article comme le dernier est consacré à l'histoire de notre province. On peut dire qu'il l'a renouvelée, soit en fournissant aux travailleurs des textes de premier ordre et rigoureusement établis, soit en faisant lui-même et à plusieurs reprises œuvre d'historien. Droit public et institutions, état des personnes et des terres, rapport du pouvoir central avec ses agents et administration de la province, divisions ecclésiastiques et politiques, commerce, industrie et vie intime de nos pères, mouvement intellectuel des abbayes, événements militaires eux-mêmes, il a tout abordé et projeté sur tout des vues nouvelles, ici marquant son passage par des ouvrages définitifs, d'une belle tenue littéraire et d'harmonieuses proportions, comme l'*Histoire du château et des sires de Saint-Sauveur-le-Vicomte* et les *Études sur la condition de la classe agricole en Normandie*, là ne semblant qu'effleurer son sujet, alors qu'en réalité il l'épuise, dans ces innombrables petits mémoires où la limpidité du style s'allie si parfaitement à la pénétration de la critique et qui résolvent toujours avec bonheur les plus délicats problèmes d'érudition ; si bien qu'à l'heure présente, il n'est pas d'historien normand, quel que soit le sillon qu'il veuille creuser, qui ne trouve la ligne tracée d'avance et jalonnée par les travaux de

Léopold Delisle, et que l'esprit demeure émerveillé d'une telle étendue de connaissances et d'une si prodigieuse puissance de labeur.

Cette résolution de tout voir, de tout copier, en un mot de s'emparer, tant par les textes imprimés que par les chartes inédites, des sources de l'histoire de Normandie, répondait certainement aux goûts de Delisle. Mais ne lui avait-elle pas été suggérée aussi par les deux savants, dont les noms sont devenus pour la postérité inséparables du sien, et auxquels il faut toujours revenir lorsqu'on veut expliquer l'orientation de sa vie et la formation de son esprit : Charles de Gerville et Auguste Le Prevost ? Dans ce Valognes de la monarchie de Juillet la plus légitimiste de nos petites villes de l'Ouest, s'il en faut croire Barbey d'Aurevilly, Gerville, revenu de l'émigration, où il avait beaucoup appris, mais où il n'avait rien oublié, resté d'idées intransigeantes et de caractère un peu cassant, jouissait d'un prestige incomparable, qu'il devait à la fermeté de ses principes autant qu'à sa science universelle et universellement reconnue. Il avait distingué Delisle sur les bancs du collège, lui avait appris à déchiffrer les vieilles écritures, et, en le dirigeant, un peu malgré sa famille, vers l'École des chartes, lui avait tracé un programme de recherches et d'études, dont nous trouvons la preuve dans la correspondance, de ton si respectueux et si confiant, qu'échangeait avec lui son jeune élève. Le Prevost, de son côté, avait été conquis par l'ardeur passionnée de ce débutant, que ses premiers travaux plaçaient au rang des maîtres. « Venez me voir, écrivait-il à l'un de ses correspondants ; il faut que vous connaissiez mon jeune ami Léopold Delisle ; c'est un travailleur acharné ; il ira si loin, et si loin qu'il nous dépassera tous. » Parole prophétique, qui rappelle celle de l'abbé Cochet, saluant vers la même époque, sur un ton un peu plus solennel, « ce jeune érudit qui promet à la Normandie et à la France un nouveau Du Cange ». Messieurs, rendons justice à ces précurseurs. Ils ont contribué à répandre dans le public le respect, sinon le goût, des choses du passé, à sauver d'une destruction certaine ce qui restait alors des anciens monuments et des anciennes chartes, à susciter les dons généreux, à provoquer au besoin les mesures officielles qui ont enrichi nos bibliothèques, nos archives et nos musées de tant de pièces rares et de collections utiles. Fondateurs avec Caumont de la Société des Antiquaires de Normandie, Gerville et Le Prevost ont imprimé aux études historiques dans notre province une forte impulsion ; ils ont mené une véritable croisade en leur faveur. Et de quelle clairvoyance n'ont-ils pas fait preuve en signalant à leur disciple préféré les buts qu'il était le plus urgent d'atteindre et les chemins qui y conduisaient? « L'étude des textes, a dit La Bruyère, ne peut jamais être assez recommandée ; c'est le chemin le plus court, le plus sûr et le plus agréable pour tout genre d'érudition. Ayez les choses de la première main ; puisez à la source... » Nos anciens partageaient cette opinion. Convaincus que l'histoire de leur province était à faire, ou à refaire, ils pensaient que, pour y parvenir, il fallait avoir de bons textes, recueillir des faits et les contrôler les uns par les autres. Aussi avaient-ils attiré l'attention de Delisle sur la première besogne qui, à leur avis, s'imposait : publier des éditions critiques de nos grands historiens normands des XIe et XIIe siècles, Dudon de Saint-Quentin, Guillaume de Jumièges, Orderic Vital, Robert de Torigni, et, en même temps, explorer les dépôts publics d'archives de Paris et de la province, si mal connus encore à cette époque, pour y recueillir les innombrables chartes, groupées dans les cartulaires ou éparses un peu partout, qui sont, avec nos chroniques, la base solide de tout travail d'histoire locale.

C'est ce que Delisle n'a pas manqué de faire. Au premier rang des services qu'il nous a rendus il faut placer celui-là. Il a été un incomparable éditeur de textes. Il nous en a donné beaucoup, et d'excellemment choisis, et présentés de telle façon que, non seulement ils offrent à qui veut s'en servir toutes garanties de sécurité, mais que l'historien peut en tirer — si j'ose dire — le maximum de rendement. Il n'est pas, en effet, une seule de ces publications dont la valeur ne soit en quelque sorte doublée par l'introduction, les notes critiques, les pièces justificatives, les appendices. Delisle ne se contente pas de nous fournir un texte rigoureusement correct — ce qui serait déjà beaucoup — il nous guide au milieu des difficultés que soulève parfois son interprétation ; il corrige les erreurs de l'auteur ou supplée à ses défaillances et il indique très exactement le plus ou moins de créance qu'on doit lui accorder.

Vous savez la part qu'il a prise à l'édition de l'*Histoire ecclésiastique* d'Orderic Vital, « l'un des ouvrages les plus originaux de la littérature du moyen âge ». Réclamée par Gerville dès 1826, commencée quinze ans plus tard par Le Prevost, elle ne fut achevée qu'en 1855 par Delisle, qui en a écrit l'introduction : celle-ci précise la date d'exécution de chacune des parties de l'ouvrage, et elle renferme, avec de curieux détails sur la vie et le caractère de l'écrivain si personnel que fut Orderic, un magistral tableau des études dans l'abbaye de Saint-Évroul au XIe et au XIIe siècle. Gerville ne vit point paraître une autre chronique dont la publication lui tenait également à cœur, celle de Robert de Torigni, « l'un des plus célèbres, a dit Delisle, et le plus exact des anciens historiens de notre province ». Mais l'élève, presque parvenu au faîte des honneurs et tout absorbé par ses fonctions, n'avait pas perdu de vue le désir de son vieux maître. Un premier volume parut par ses soins, en 1872, dans la collection de la Société de l'Histoire de Normandie ; un second l'année suivante. Cette édition est, de l'avis des meilleurs juges, une des œuvres les plus parfaites qu'il ait produites. Au point de vue de la critique des manuscrits (il avait dû en étudier dix-huit), de l'établissement rigoureux du texte, de la science et de la concision des notes, de l'intérêt des appendices, elle peut servir de modèle à toutes celles du même genre. Combien il nous paraît regrettable aujourd'hui que Jules Lair, esprit fin et charmant, qui s'était laissé séduire un instant par le XVIIe siècle, et que Mlle de la Vallière n'avait pu retenir dans l'entourage du grand roi, après nous avoir présenté de façon si bienveillante Dudon de Saint-Quentin, ait consenti à s'occuper de Guillaume de Jumièges et qu'il ait gardé pendant des années en portefeuille les matériaux de son édition !... Qui sait si ce travail n'aurait pas tenté Delisle ?... Du moins, au lendemain de la mort de son ami, et à la veille de la sienne, il a, dans une préface à la reproduction phototypique des deux plus importants manuscrits de Guillaume de Jumièges, déterminé les éditions successives des *Gesta Normannorum* et montré ainsi qu'il était préparé mieux que personne par ses études antérieures à présenter cette œuvre au public. Guillaume de Jumièges, Orderic Vital, Robert de Torigni, ces illustres représentants de l'historiographie normande au temps des ducs, n'ont pas été les seuls à attirer l'attention de notre savant maître. Il s'est intéressé à d'autres, d'époques différentes et beaucoup plus modestes. Le tome XXXII de l'*Histoire littéraire de la France* renferme de précieuses notices, signées de lui, sur toute une série de chroniques et d'annales normandes du XIVe siècle. Il a, lors de la découverte du manuscrit original de Thomas Basin, examiné les circonstances de la composition et du remaniement de son *Histoire de Charles VII et de Louis XI*, si importante au point de vue normand. Et, descendant même, par exception, jusqu'au XVIIe siècle — mais, en l'espèce, il s'agissait de son cher Valognes — n'est-ce pas lui qui, le premier, a mis en lumière l'intérêt des Mémoires de celui qu'il a appelé « le plus ancien historien du Cotentin », votre compatriote Mangon du Houguet ?

Si nous relisons aujourd'hui, Messieurs, le beau discours que Delisle prononça, en 1862, en prenant la direction de la Société des Antiquaires de Normandie, et dans lequel il passe en revue, avec tant de maîtrise, les sources diplomatiques de l'histoire de notre province, des origines au XVe siècle, nous constatons que, depuis soixante-cinq ans, les études historiques ont fait certainement de grands progrès parmi nous — et l'honneur en revient pour une bonne part à nos sociétés savantes. Mais nous constatons aussi que, parmi les documents d'archives dont Delisle souhaitait la publication, il en reste beaucoup, et d'une importance capitale, qui n'ont pas vu le jour. Nous ne possédons encore ni un recueil des actes de nos premiers ducs, ni, comme cela s'est fait pour le Poitou, par exemple, le dépouillement au point de vue normand des registres de la chancellerie de France depuis Philippe le Bel, ni un relevé des bulles des papes concernant la Normandie qui sont conservées dans nos dépôts d'archives — je ne parle pas, hélas ! de celles du Vatican — ni une collection complète des jugements de l'Échiquier jusqu'en 1350, ni les catalogues des actes de nos évêques, ni même de bonnes éditions de nos principaux cartulaires, ceux du Mont-Saint-Michel et de Savigny, pour n'en citer que deux. Dans ce genre de travaux, où Delisle a de bonne heure affirmé sa supériorité, en publiant son fameux *Catalogue des actes de Philippe-Auguste*, il nous a laissé deux ouvrages qui peuvent être considérés comme des modèles. L'un est le *Cartulaire normand de Philippe-Auguste, Louis VIII, saint Louis et Philippe le Hardi;* l'autre est le *Recueil des actes de Henri II, roi d'Angleterre et duc de Normandie.* Le *Cartulaire* renferme plus de 1,200 actes émanés des rois de France ou reçus par eux. Comment se fait-il qu'aucun historien normand n'ait encore songé à tirer vraiment parti de cette admirable collection de documents? Elle jette une vive lumière sur l'état de la Normandie après la conquête ; elle nous renseigne sur les moyens employés par nos rois pour lutter contre la féodalité locale et rendre leur domination acceptable, et, rapprochée de ces *Enquêtes administratives du règne de saint Louis* qui figurent au tome XXIV des *Historiens de France*, contrôlée et éclairée par des textes littéraires, comme ceux que M. Ch.-V. Langlois a si heureusement utilisés pour tracer un tableau de la société au XIIIe siècle, elle nous montrerait la vie provinciale sous son vrai jour, à une époque particulièrement intéressante, celle où la Normandie continentale se détache de l'Angleterre et devient partie intégrante de la nation française. Dans ses beaux travaux sur les *Actes de Henri II* comme duc de Normandie, Delisle a étudié l'histoire d'une chancellerie particulière qui a fait preuve d'une remarquable activité. Les actes de Henri II ne portent jamais de date d'année. Delisle est arrivé à les dater par l'examen minutieux des souscriptions et au moyen de la formule initiale : *Henricus rex Anglorum*, devenue à une époque qu'il s'est efforcé de préciser : *Henricus Dei gratia rex Anglorum.* Puis, passant au style des actes, à leur rédaction, à l'étude détaillée des termes employés par le roi, il tire de cette inspection les conclusions les plus inattendues sur les méthodes dont usa Henri II pour gouverner ses vastes États et même sur le caractère de ce prince, qui fut, malgré ses fautes, un très grand roi. L'ample mémoire, qui forme l'introduction de Delisle aux textes que la mort l'a empêché de publier lui-même et qui ont paru depuis par les soins de notre regretté ami Élie Berger, est neuf et original dans toutes ses parties. C'est, comme on l'a dit très justement, « l'histoire politique et administrative d'un grand règne faite au moyen des formules ». Ce magnifique recueil de textes élucide, d'ailleurs, bien des points obscurs des relations qui existaient au XIIe siècle entre les îles et le continent et montre le rôle important que certains de nos compatriotes ont joué à la cour des Plantagenets.

L'analyse de toutes les œuvres de Léopold Delisle relatives à l'histoire de Normandie dépasserait singulièrement les bornes de cette causerie ; car, si intéressant qu'il puisse être de relever les moindres pages tombées de sa plume, les énumérer simplement serait un travail aride, et les replacer dans leur milieu respectif, montrer que pas une d'elles n'est indifférente ou inutile nous entraînerait trop loin. Qu'il me suffise de faire ressortir par quelques exemples qu'aucune des branches de l'histoire normande ne lui est restée étrangère, qu'il les a toutes marquées d'une empreinte particulière et profonde, que dans toutes il a ouvert la voie et s'est révélé un novateur.

En bibliographie notamment : versé comme il l'était dans cette science et dans l'histoire littéraire du moyen âge, merveilleux dénicheur d'éditions rares et de manuscrits précieux, et capable comme personne d'en montrer l'intérêt, il nous a fait bénéficier de sa connaissance approfondie de toutes les collections publiques et privées, non seulement en relevant, au fur et à mesure de ses découvertes, tout ce qui se rapportait à la Normandie, mais en nous donnant cet admirable *Catalogue des livres imprimés ou publiés à Caen avant le milieu du XVIe siècle*, suivi de recherches si neuves sur les imprimeurs et les libraires de cette ville, réunion de documents précieux pour l'histoire de l'imprimerie, de l'enseignement et de la littérature dans le célèbre centre universitaire de la province.

L'hagiographie l'intéressa de bonne heure. Dès l'École des chartes, il annonce à Gerville qu'il a commencé un recueil contenant les textes originaux de nos vies de saints et qu'il a l'intention d'y comprendre toute la Normandie. Ce recueil existe : il figure parmi les soixante-huit volumes manuscrits de la Collection Delisle, conservée à la Bibliothèque nationale et cataloguée par M. Omont. Mais le maître n'a publié qu'un petit nombre d'études sur ces questions : une lettre à Caumont, dans laquelle il fait connaître les plus anciennes vies de saint Marcouf et de ses compagnons, saint Samson, saint Hélier et saint Magloire, apôtres du Cotentin et de ses îles à l'époque mérovingienne ; quelques notes critiques sur la vie et le culte de saint Floscel ; une notice sur la curieuse composition hagiographique du XIIe siècle, extraite du Livre noir de Coutances et intitulée : *Miracula ecclesiae Constantiensis ;* et surtout ses travaux sur le bon saint de la Manche auquel il a rendu ses premières dévotions scientifiques, le bienheureux Thomas Hélie de Biville : il a contribué à la reconnaissance officielle de son culte et édité sa vie composée au XIIIe siècle par Clément. C'est vers la même époque que l'abbé Gilbert, vicaire général de Coutances, ayant entrepris, sur l'ordre de Mgr Daniel, la révision des livres liturgiques et du Propre du diocèse, soumettait son travail à Delisle et recevait de lui les observations et les conseils qui donnent à ces ouvrages une valeur historique peu commune.

Notre histoire ecclésiastique doit à Delisle la publication des *Anciens catalogues des évêques des églises de France.* La province de Rouen occupe dans ce recueil une place de choix. Pour en montrer tout l'intérêt, il suffit de rappeler que les archives de nos monastères et de nos églises ayant disparu presque totalement à l'époque des invasions normandes, les catalogues épiscopaux forment la base de toute recherche sur l'histoire ecclésiastique de la province et qu'il faut d'abord soumettre ces documents à une critique approfondie si l'on veut percer le mystère des origines de nos diocèses. Là encore Delisle a été un précurseur et ses recherches ont frayé la voie aux belles études de Mgr Duchesne sur les *Fastes épiscopaux de l'ancienne Gaule.* Vous savez également la très grande part qu'il a prise à l'édition du *Recueil des historiens de la France* : les tomes XXII à XXIV sont presque exclusivement son œuvre, et ils renferment des textes de premier ordre, tels que les *Pouillés* des diocèses de Rouen et de Coutances, dont la publication a servi de point de départ à l'important ouvrage d'Auguste Longnon. Il faut enfin mentionner son volume sur les *Rouleaux des Morts*, sortes de circulaires sur parchemin au moyen desquelles les communautés religieuses du moyen âge se notifiaient les unes aux autres la mort de leurs membres ou de leurs bienfaiteurs : c'est là que se trouve transcrit le rouleau du bienheureux Vital, abbé de Savigny, découvert dans le grenier de la sous-préfecture de Mortain et emporté aux Archives alors royales du palais Soubise, malgré les réclamations de Gerville, qui trouvait, avec raison, que sa place était à Saint-Lô.

Delisle a toujours attaché une grande importance à l'histoire financière : il est même allé jusqu'à dire, dans sa jeunesse, avec un peu d'exagération, que « les affaires de finances résumaient au moyen âge tous les actes de gouvernement ». Quoi qu'il en soit, son fameux *Mémoire sur les opérations financières des Templiers* est une contribution de premier ordre à l'histoire encore peu connue de l'argent au moyen âge. En examinant ces premiers comptes de la royauté, que personne avant lui n'avait utilisés ou, du moins, expliqués, il a ouvert une voie à des recherches nouvelles, et il a été le précurseur de Borrelli de Serres, et de bien d'autres, dans l'histoire du trésor public à partir du XIVe siècle. Pour la Normandie, il a publié un très grand nombre de documents financiers soit en appendice à ses ouvrages, soit en un volume à part qui est intitulé : *Actes normands de la Chambre des comptes sous Philippe de Valois*. Mais nous avons surtout sa thèse de sortie de l'École des chartes sur les *Revenus publics en Normandie au XIIe siècle*. C'est un chef-d'œuvre de précision et de clarté. Il y recherche de quoi se composaient les revenus des ducs de Normandie ; à quelles dépenses on les employait ; comment on les administrait ; quelles vicissitudes les finances de cette province ont subies depuis Richard II jusqu'à Philippe-Auguste. Le sujet semblait comporter d'amples développements ; mais Delisle a su condenser en quelques pages la matière d'un gros volume, et tel de ses chapitres, celui, par exemple, où il traite de la valeur comparative des monnaies qui avaient cours en Normandie sous les ducs, soulève tant de questions et suppose tant de recherches qu'il pourrait faire à lui seul l'objet d'un livre. L'auteur y aboutit à des conclusions très neuves sur la différence, plus apparente que réelle, que l'on a voulu voir entre certains types de deniers, comme les roumois et les angevins, d'une valeur égale et pris sans cesse les uns pour les autres. Des chapitres, non moins curieux et féconds en aperçus nouveaux, sont consacrés à l'administration financière, à l'histoire de la fortune publique, aux recettes et aux dépenses. C'est, en somme, la question si embrouillée des finances de nos ducs que Delisle fait sortir des généralités où elle s'était maintenue jusqu'alors et qu'il élucide avec sa clarté ordinaire. La thèse sur les *Revenus publics en Normandie* fut classée troisième, après celle d'Auguste Himly sur *Wala et*

Louis le Débonnaire, et celle d'un autre Normand, Adolphe Tardif, sur les *Comtes du Palais*. Il est piquant de rapporter l'opinion du jury, qui comptait dans son sein des savants illustres comme Pardessus, Paulin Paris, Benjamin Guérard et Jules Quicherat : Léopold Delisle fut rangé par eux au nombre des lauréats qui, « ne pouvant justifier que du banal diplôme de bachelier, ont fait preuve, en revanche, de rares qualités qui les disposent à parcourir avec succès la carrière de l'érudition ». L'avenir devait se charger de réaliser ces espérances et de donner à ces paroles, prudemment mesurées et cependant très nettes, toute la valeur d'une prophétie.

Les historiens du droit et des institutions diraient beaucoup mieux que moi, et avec beaucoup plus d'autorité, tout ce qu'ils doivent à Delisle. On avait étudié avant lui la question des registres de l'Échiquier de Normandie. Mais ces premiers travaux, sans être négligeables, nous paraissent aujourd'hui bien insuffisants en regard des deux mémoires publiés en 1864 et qui ont pour titre, l'un : *Jugements de l'Échiquier de Normandie au XIII*e *siècle*, et l'autre : *Mémoire sur les recueils de jugements rendus par l'Échiquier de Normandie sous les règnes de Philippe-Auguste, Louis VIII et saint Louis.* L'auteur y démontre qu'à partir du XIIIe siècle les jugements de l'Échiquier étaient consignés par écrit dans un registre authentique et officiel. Ce recueil, œuvre d'un clerc de la Cour, Guillaume Acarin, est aujourd'hui perdu ; mais la substance et, pour certaines parties, le texte même des jugements a été conservé dans plusieurs compilations rédigées au XIIIe siècle. Ces compilations sont au nombre de quatre, et la plus importante d'entre elles se trouve dans un manuscrit de la bibliothèque de Rouen. Delisle les étudie l'une après l'autre, en détermine les origines et la valeur respective, et, grâce à elles, il restitue 810 actes de l'Échiquier, dont 484 complètement inédits, s'étendant de l'année 1207 à l'année 1270. Sur les greffes régulièrement institués près des tribunaux normands et l'état de la procédure au XIIIe siècle, aussi bien que sur la géographie féodale de la province et la succession des seigneurs qui en ont possédé les principaux fiefs, ce travail abonde en renseignements utiles ; il nous renseigne aussi sur cette curieuse institution de l'Échiquier, dont l'origine n'a pas encore été tout à fait élucidée, mais qu'il est impossible d'étudier désormais avec fruit sans prendre pour base les deux mémoires de Léopold Delisle. Dans un ordre d'idées assez proche — puisqu'il s'agit toujours des institutions — je citerai le célèbre *Mémoire sur les baillis du Cotentin de 1207 à 1789*, qui n'est pas seulement une liste chronologique complète de ces officiers, mais un travail où le grand érudit a fait excellemment ressortir l'importance et la variété de leurs fonctions et su grouper, pour chaque agent, des textes qui viennent confirmer les caractères généraux de l'institution.

Je laisse de côté l'*Histoire du château et des sires de Saint-Sauveur-le-Vicomte*, excellente page d'histoire locale, remarquable surtout par la façon dont l'auteur a utilisé, pour le récit des événements militaires de la guerre de Cent ans, des chroniques et des chartes jusqu'alors inédites — encore bien qu'il ne les ait pas toutes connues et que, par exemple, les documents de source anglaise, conservés dans les Archives de Londres, lui aient échappé. Mais c'est un détail. Détail aussi, un peu plus important toutefois, que cette omission complète de toute étude archéologique sur les ruines du château, l'un des plus curieux spécimens de l'architecture militaire du moyen âge. Delisle ne s'en faisait pas accroire. Modestement, trop modestement sans doute, il s'est toujours refusé le titre d'archéologue. Notons cependant que, dans cet ordre d'idées, nous lui devons la publication d'un texte célèbre et souvent utilisé par les archéologues, la *Lettre de l'abbé Haimon sur la construction de l'église de Saint-Pierre-sur-Dive*, qui renferme de si curieux détails sur la façon dont furent édifiées nos grandes églises du XIIe siècle.

J'arrive à l'ouvrage qui l'a illustré plus peut-être qu'aucun autre et qui est resté aux yeux du public son œuvre capitale : *les Études sur la condition de la classe agricole et l'état de l'agriculture en Normandie au moyen âge*. Le titre seul en fait connaître le but et les divisions. Ce livre concerne la condition juridique et la situation générale des paysans ainsi que le régime des terres, et, d'autre part, l'état agricole. L'auteur y étudie les diverses classes de personnes et leurs obligations, les différentes catégories de biens ruraux, la police et les communautés rurales, l'instruction et le crédit, les variétés de propriétés avec leurs productions, les mesures et les prix des denrées. Il termine par un tableau chronologique, dressé avec soin, des principaux événements et surtout des phénomènes météorologiques dont les laboureurs ont eu à souffrir.

On a fait à cet ouvrage plusieurs reproches, qui ne sont pas tous injustifiés. On a dit qu'il ne présente pas, quant au fond, toute l'histoire de l'agriculture au moyen âge, et c'est exact, car, s'il décrit les paysans, il ne considère pas les domaines. On a prétendu — et ceci se rapporte à la composition — qu'il n'est pas toujours assez synthétique et qu'il se borne parfois à une simple constatation. Delisle, dont l'intelligence n'était nullement fermée aux idées générales, l'a avoué lui-même, avec une belle modestie : il a reconnu « qu'il s'était peut-être trop simplement attaché à enregistrer les faits, sans indiquer les lois qu'on en pourrait déduire, parce que, ajoute-t-il, cette voie était périlleuse ». Et M. Perrot cite, à ce propos, une anecdote assez caractéristique. Un jour, d'Arbois de Jubainville lui demanda pourquoi il n'avait pas donné à son ouvrage un épilogue où il aurait rassemblé les traits épars dans les divers chapitres, de manière à offrir au lecteur un tableau d'ensemble, le tableau de la vie sociale et morale du paysan normand. « Je n'y ai jamais songé, répondit Delisle, je n'ai voulu que réunir des faits. Je les ai vérifiés et présentés de mon mieux. D'autres en tireront le parti qu'ils voudront. » On lui a enfin reproché d'avoir fait preuve d'optimisme en laissant percer, dans la préface, son admiration pour le moyen âge, soit que, du point de vue politique, il apprécie le régime de la féodalité, soit que, du côté moral, il détermine l'influence de l'Église, soit enfin que, sous le rapport économique, il juge l'état de l'agriculture. Mais, en vérité, ce dernier reproche est difficilement conciliable avec ce qui vient d'être dit de sa défiance pour toute sorte de généralisations.

Reconnaissons plutôt que cet ouvrage, bien qu'il soit visiblement inspiré des fameux prolégomènes que Benjamin Guérard a mis en tête du *Polyptyque d'Irminon*, était, à l'époque où il parut, une nouveauté : Delisle a voulu nous montrer les paysans dans leur milieu, par rapport à l'état économique et à la situation sociale ; il nous a fait connaître non seulement l'agriculture, mais la société rurale dans sa vie, ses idées et ses aspirations. A côté de la terre, il a introduit l'homme, et il a été ainsi beaucoup plus vivant que Guérard, dont l'ouvrage n'est, en somme, qu'une série de mémoires concernant surtout quelques points de la vie juridique d'un grand domaine. Et la méthode qu'il a suivie est excellente. En cette occasion comme en beaucoup d'autres, Delisle a su élever la prudence et la mesure au rang des qualités maîtresses de l'historien. Il ne se montre jamais apologiste passionné ni détracteur systématique. Il laisse parler les documents, convaincu qu'il est de leur éloquence et peu soucieux d'y substituer la sienne. Il n'est pas l'avocat qui plaide, mais le témoin qui dépose. Aussi peut-on affirmer qu'il a édifié un monument dont la solidité n'a rien à craindre des injures du temps et qui laisse peu de prise à la critique. Par leur belle ordonnance, la nouveauté et la sûreté des conclusions qui s'en dégagent comme d'elles-mêmes, la clarté et la précision du style, les *Études sur la condition de la classe agricole* restent le chef-d'œuvre de l'érudition normande pendant la seconde moitié du XIXe siècle.

Messieurs, pour tracer de Léopold Delisle, historien normand, un portrait qui ne fût pas trop indigne de lui, il aurait fallu non seulement faire passer sous vos yeux toutes les œuvres sorties de sa plume — car il n'en est pas une qui ne mérite qu'on s'y arrête — mais encore étudier son influence et montrer que, sur cette vieille terre normande où les études historiques ont toujours été en honneur, le nombre est grand de ceux auxquels la lecture de ses ouvrages a ouvert des horizons nouveaux et révélé la méthode à suivre. Et que de conseils excellents il a donnés, que de recherches il a faites pour autrui, que de lettres obligeantes il a écrites, comme il a prodigué sans compter les trésors de son savoir et les fruits de son expérience! Aucun travailleur de notre pays, si modeste qu'il fût, n'a fait appel en vain à ses lumières : il trouvait le temps de répondre et de rendre service à tout le monde. C'est que, chez ce grand savant, à l'érudition la plus étendue s'alliaient les plus hautes vertus morales : la bonté, le désintéressement, la probité, l'amour du travail, le dévouement au bien public. Le patriotisme le guida, autant que l'esprit scientifique ou le devoir professionnel. N'est-ce pas lui qui a écrit cette belle pensée : « Faire mieux connaître le passé de la France, c'est donner des racines profondes et vivaces à l'amour du pays. » De quelle délicatesse de sentiments n'a-t-il pas fait preuve en évoquant, dans ses *Souvenirs de jeunesse*, la figure de la femme d'élite qui fut la compagne dévouée de sa vie, partageant tous ses goûts et s'associant à tous ses travaux, le rattachant encore par de nouveaux liens au pays de Valognes! Delisle était bon, d'une bonté dont le souvenir est resté présent à tous ceux qui l'ont approché, qui ont été sous ses ordres, ou qui ont vécu dans son intimité. Et cette vertu n'a pas peu contribué à lui conquérir l'affection de ses compatriotes.

Vous savez quelles furent ses dernières paroles. Tandis que l'aumônier du château de Chantilly parlait de gloire à ce savant qui allait mourir, « de cette gloire qui vient sans qu'on l'ait poursuivie, qui murmure des louanges sans qu'elles soient intéressées », Delisle répondit simplement : « Je n'ai jamais cherché que la vérité et le bon résultat des entreprises qui m'étaient confiées. » Ces paroles, sur lesquelles s'acheva subitement cette belle vie de savant et de croyant, peignent l'homme et résument son œuvre.

S'efforcer d'atteindre un aussi noble but, s'inspirer des méthodes qu'il mit en honneur, le prendre pour guide et pour modèle, n'est-ce pas, en vérité, Messieurs, la meilleure manière de glorifier cet homme que son immense savoir a placé en tête et au-dessus de tous les érudits de son temps, que sa modestie et sa bonté rapprochent de nous, et en qui la Société archéologique de Valognes, interprète de ses compatriotes, nous invite à saluer aujourd'hui une des gloires les plus pures de la Normandie?

DISCOURS DE M. LE PRÉSIDENT CAUVIN

Mesdames,
Messieurs,

La présidence éphémère d'une modeste Société locale me confère, au terme que les circonstances imposent à un mandat que je dois plus à la sympathie de mes collègues qu'à ma compétence, le grand et périlleux honneur de prendre la parole aujourd'hui pour vous entretenir de Léopold Delisle.

C'est un honneur périlleux, en effet, pour le profane que je suis (et j'en éprouve quelque confusion) de parler d'un savant tel que lui devant un auditoire dans les rangs duquel j'aperçois des maîtres de la paléographie, ses disciples ou collaborateurs et les continuateurs les plus autorisés de ses travaux.

Le latin, heureusement, langue qui fut si chère à notre illustre compatriote, offre toujours à ceux qui l'ont pratiqué avec quelque assiduité des ressources infinies, parfois un rappel à l'ordre, ou, tout au moins, un sage conseil. — Depuis qu'il a été question pour moi de prendre la parole dans cette cérémonie, une voix lointaine, mais amicale, a sans cesse murmuré à mon oreille :

Ne sutor ultra crepidam!

me rappelant ainsi que l'on peut être le plus habile des savetiers sans être pour cela un critique d'art.

Je tiendrai compte de cet avis et n'aurai point l'audace d'entreprendre une analyse critique, même sommaire, de l'œuvre de celui dont nous célébrons aujourd'hui le centième anniversaire. Que pourrais-je dire sans faire, la plupart du temps, des emprunts à ceux qui, en de nombreuses circonstances, ont déjà loué ses mérites ; sans répéter ce qu'en ont dit ou écrit en des termes excellents que je ne saurais égaler, entre autres : MM. Himly, au nom des Sociétés de l'Histoire de France et de l'École des chartes, Salomon Reinach et Georges Perrot, au nom de l'Académie des Inscriptions et Belles-Lettres, notre ami et compatriote M. Paul Le Cacheux, au nom des Anciens élèves du collège de Valognes, et l'un de mes regrettés prédécesseurs, M. de Fontaine de Resbecq, au nom de la Société archéologique de Valognes.

L'entreprise serait encore plus difficile après la conférence que vous venez d'entendre et dans l'attente du discours du distingué représentant de l'Académie des Inscriptions et Belles-Lettres, qui se présente encore à nous, avec son titre de conservateur du Cabinet des manuscrits de la Bibliothèque nationale (fonctions que remplit autrefois Léopold Delisle), comme le plus qualifié aujourd'hui pour apporter à l'œuvre de son éminent prédécesseur un hommage qui soit digne de lui.

Je crois donc répondre au vœu de ceux qui m'écoutent et, en même temps, au but que s'est proposé la Société archéologique de Valognes, en laissant à ces voix, plus autorisées que la mienne, le soin de louer comme il convient l'œuvre de Léopold Delisle, et en me bornant, après vous avoir brièvement rappelé la vie de cet illustre savant, à vous indiquer ce que nous lui devons et pourquoi la Société archéologique de Valognes a conçu le projet d'une manifestation publique en son honneur.

En 1826, le docteur Victor-Amédée Delisle, qui exerçait, non sans éclat, l'art médical à Valognes, venait de contracter un second mariage avec Mlle Marie Fortin. Quittant l'habitation qu'il occupait dans une partie de l'hôtel de Grandval-Caligny, il traversait la rue des Religieuses et venait s'installer dans la maison qui porte aujourd'hui le n° 51 de cette rue.

C'est là que naissait, le 24 octobre 1826, fils aîné de ce second lit, celui qui devait donner tant de lustre au nom que son père portait déjà avec tant d'honneur !

C'est à l'école primaire, puis au collège de Valognes que le jeune Léopold Delisle poursuivit ses études, au cours desquelles il révéla les plus heureuses dispositions et remporta, notamment en latin et en histoire, des succès dont on peut retrouver la trace dans les feuilles locales, au voisinage de 1840.

A cette époque, sous le règne bourgeois du roi Louis-Philippe, vivait à Valognes une société élégante et choisie, qui comptait parmi ses membres quelques épaves échappées à la tourmente révolutionnaire et qui étaient venues chercher, dans le petit Versailles normand, le souvenir et le regret des splendeurs du siècle précédent.

Parmi les représentants de cette ancienne noblesse figurait un savant antiquaire, qui avait abordé un peu toutes les sciences et qui, après avoir complété son instruction en Angleterre pendant l'émigration, s'était constitué l'historien des monuments, abbayes et châteaux de notre Cotentin. Je veux parler de Duhérissier de Gerville.

En relations avec le Dr Delisle, de Gerville s'intéressa à l'écolier, chez lequel il découvrait une vive intelligence et un grand amour du travail. Il l'initia à l'étude de l'histoire du Moyen âge normand, à la lecture des vieilles chartes, et suscita sans aucun doute sa vocation en guidant ses premiers pas dans la voie où l'élève n'allait pas tarder à se révéler un maître, en attendant qu'il devînt « le Maître ».

Ses études secondaires terminées, Léopold Delisle, à l'automne de 1845, prenait le chemin de la capitale et entrait à l'École des chartes, ayant le bonheur d'y trouver, dès le début, des patronages tels que ceux de Benjamin Guérard et de Natalis de Wailly, qui eurent sur sa destinée la plus heureuse influence.

Le 15 juillet 1849, il soutenait une thèse sur les *Revenus publics en Normandie au XIIe siècle* et obtenait le diplôme d'archiviste-paléographe.

Sur les conseils de Guérard, qui, dans l'intérêt de ses études, lui *défendit* de quitter Paris, il refusait le poste d'archiviste à Rouen, et, en 1852, son guide, qui était alors conservateur au Département des manuscrits, le faisait entrer, dans des fonctions modestes, à cette Bibliothèque nationale, où il devait, peu à peu, gravir tous les échelons de la hiérarchie administrative jusqu'au plus élevé, et à laquelle, pendant près de cinquante-cinq ans, il consacra le meilleur de sa grande et féconde activité et appliqua tous les dons de sa haute intelligence.

Il était, en effet, nommé, en 1866, bibliothécaire au Département des manuscrits. — Révoqué le 13 mai 1871 par le gouvernement insurrectionnel à cause de l'attitude énergique qu'il avait opposée à certaines tentatives dangereuses pour la sécurité des documents dont il avait la garde, il était, le lendemain même, promu par le gouvernement de M. Thiers conservateur-sous-directeur du même Département.

Enfin, le 4 septembre 1874, comme en étant, sans conteste, le plus digne, il était nommé Administrateur général, fonction qu'il exerça jusqu'au 15 février 1905, date à laquelle un décret, qui jeta le trouble dans tout le monde savant, en France comme à l'étranger, vint l'obliger à prendre sa retraite.

Rappeler l'œuvre accomplie par lui à la Bibliothèque nationale excéderait le cadre de ce simple exposé. Il me suffira de dire que, pendant le long séjour qu'il y fit à des titres divers, plus de cent mille manuscrits et un million et demi de volumes et brochures furent inventoriés, classés et catalogués par ses soins ou sous sa direction.

Grâce à un labeur sans exemple, guidé par la plus rare érudition et un esprit scientifique qui ne laissait rien au hasard, Léopold Delisle avait mis un ordre parfait là où, avant lui, on ne trouvait que le chaos.

Il fut un bibliothécaire incomparable ou, pour mieux dire, « le Bibliothécaire » parfait.

Non seulement il assura la conservation des richesses qui lui avaient été confiées, mais encore il s'efforça d'enrichir sans cesse le Trésor de notre grand Dépôt national, soit par des acquisitions ou des dons, soit en employant toutes les ressources d'une diplomatie consommée pour faire rentrer dans notre patrimoine des documents qu'avant son arrivée des employés infidèles ou des amateurs sans scrupules en avaient fait sortir.

Mais Léopold Delisle n'était pas seulement un grand classeur de documents. La plupart des manuscrits dont il avait fait l'inventaire étaient passés sous ses yeux clairvoyants et il y avait trouvé les matériaux nécessaires à une œuvre d'érudition historique considérable, dont il avait jeté les fondations avant même d'être sorti de l'École.

En effet, pendant le cours même de ses études, Léopold Delisle s'était déjà distingué par ses travaux personnels et faisait, à vingt ans, figure d'érudit. En 1851, à peine sorti de l'École des chartes, il attirait sur lui l'attention du monde savant par sa magistrale *Étude sur la condition de la classe agricole et l'état de l'agriculture en Normandie au moyen âge*, dont le sujet avait été mis au concours par la Société libre d'agriculture, sciences, arts et belles-lettres de l'Eure, et qui est devenue, pour ainsi dire, classique.

Ce travail, émanant d'un jeune homme de vingt-quatre ans, qui s'y révélait un des maîtres de l'érudition française, valut à son auteur la plus haute récompense de l'Académie des Inscriptions et Belles-Lettres, le grand prix Gobert.

Ce même ouvrage lui ouvrait, quelques années plus tard, en 1857, les portes de cette Académie, où il entrait ainsi à trente et un ans.

Ce n'était qu'un début. Lorsqu'il mourut, en 1910, il laissait, comme fruit du travail d'un demi-siècle, plus de deux mille publications, qui l'avaient placé au premier rang des historiens du Moyen âge, « qu'il connaissait, a-t-on dit, comme s'il y avait vécu », et lui avaient conféré, dans l'Europe tout entière, une autorité que personne ne songeait à méconnaître.

La situation prépondérante qu'il devait à ses qualités de bibliothécaire et à sa science d'historien n'avait point influé sur son caractère, qui resta toujours simple et d'une bienveillance légendaire.

Les honneurs intimidaient sa modestie. Ils lui vinrent cependant, mais, par surcroît et tout naturellement, pourrait-on dire, sans qu'il les eût, de quelque façon que ce soit, recherchés.

Les principes directeurs de sa vie ont été exprimés dans les dernières paroles qu'il prononça, le 22 juillet 1910, au moment même où la mort allait subitement le frapper : « Je n'ai jamais cherché que la vérité et le bon résultat des entreprises qui m'étaient confiées. » Toute sa vie est contenue dans ces quelques mots !

Je croirais manquer à un pieux devoir en n'associant pas à cet illustre enfant de Valognes, dans l'hommage que nous lui rendons aujourd'hui, le souvenir de celle qui fut pendant près de cinquante ans la compagne de sa vie, qui l'entoura d'une tendre affection et fut aussi pour lui une dévouée et savante collaboratrice. Mme Delisle, du reste, ne nous appartient-elle pas, elle aussi, un peu, puisque la famille Burnouf avait son berceau dans les environs mêmes de Valognes.

Mesdames,
Messieurs,

Un groupement qui, comme la Société archéologique de Valognes, se consacre à l'étude des menus faits historiques locaux, n'a-t-il pas, dans ses attributions naturelles, la charge de perpétuer le souvenir de ceux qui ont illustré le petit centre où il évolue et de se constituer en quelque sorte le conservatoire des gloires de la petite patrie?

Ce devoir ne devient-il pas impérieux lorsqu'il s'agit d'un homme dont les éminentes qualités, les vertus et la science se sont imposées à la vénération de tous, non seulement dans son propre pays, mais encore dans l'Univers tout entier.

La Société archéologique de Valognes a estimé qu'il ne suffisait pas, pour s'acquitter de ses devoirs envers la mémoire de Léopold Delisle, de lui consacrer des notices nécrologiques, mais que nous devions lui manifester publiquement notre respect et notre reconnaissance en perpétuant son souvenir par un monument, si modeste fût-il, qui resterait auprès des générations futures comme un témoin des mérites de notre grand concitoyen qui, du reste, a droit à plusieurs titres à notre affection et à notre gratitude.

Léopold Delisle nous appartient. C'est à Valognes qu'il est né, qu'il a fait ses études, qu'il a senti naître en lui cette vocation des sciences historiques qui a embelli sa vie. C'est à Valognes encore que, pendant sa longue existence, il venait, de temps à autre, chercher quelque repos, si une intelligence comme la sienne avait eu besoin de se reposer.

Il est toujours resté attaché à sa ville natale et lorsqu'il revoyait ses rues, auxquelles un défaut d'alignement prête un caractère si pittoresque, sa belle église Saint-Malo, ou ses vieux hôtels dont les pierres et les toitures s'harmonisent si bien avec notre ciel toujours gris, il devait éprouver une émotion analogue à celle que Ronsard ressentait en présence de sa chère forêt de Gastine,

> Où premier j'entendis les accents résonner
> D'Apollon qui me vint tout le cœur étonner !

Est-ce que ces témoins d'un autre âge, autant peut-être que les conseils de Gerville, et à côté de ceux-ci, ne lui avaient pas montré la route où il devait s'engager?

Ce n'est pas Apollon et sa lyre que Léopold Delisle avait rencontrés dans les rues de Valognes en se rendant de la maison paternelle au collège, mais Clio, muse de l'histoire, qui, dès ce moment, le prit par la main et ne l'abandonna plus !

En toute occasion, Léopold Delisle a témoigné son affection à son pays natal. Ses œuvres en sont pleines. La Normandie y a sa bonne part, Valognes en particulier, à laquelle il a consacré quatre monographies :

Valognes en 1589, *Les sièges de 1572 et 1574*, *Les mémoires de Pierre Mangon du Houguet* et, enfin, *Le théâtre au collège de Valognes.*

Ne nous a-t-il pas laissé aussi cette intéressante *Histoire du château et des seigneurs de Saint-Sauveur-le-Vicomte?*

Lorsqu'en 1878 un groupe de Valognais, curieux des choses du passé et des distractions intellectuelles, fonda la « Société archéologique, artistique, littéraire et scientifique de l'arrondissement de Valognes », notre savant compatriote s'intéressa à ce nouveau groupement, dont il voulut faire partie comme membre correspondant. Il ne lui marchanda jamais son concours ni sa bienveillance et il enrichit notre bibliothèque de la plupart de ses publications.

En 1907, l'Académie des Inscriptions et Belles-Lettres

fêta le cinquantenaire de son élection. Delisle, pour remercier ses confrères de l'hommage qu'ils lui rendaient, leur offrit un exemplaire de ses *Recherches sur la librairie de Charles V*, précédé de ses *Souvenirs de jeunesse.* A cette occasion, et pour associer notre Société archéologique à cet événement heureux, il fit don de cet ouvrage à notre bibliothèque.

Enfin, nous ne pouvons passer sous silence qu'en 1885 il a remis à la bibliothèque municipale de Valognes, au nom de la Bibliothèque nationale, en échange de livres qui manquaient à celle-ci, des plans et dessins particulièrement intéressants pour notre région et, en plus, une somme de 2,500 francs, qui a servi à doter la bibliothèque de Valognes d'œuvres modernes dont elle était totalement dépourvue.

La Société archéologique avait donc contracté envers Léopold Delisle une dette d'affection et de reconnaissance qu'il lui importait de payer.

C'est pour arriver à ce but qu'elle se proposa, il y a deux ans, d'apposer sur la maison natale de son bienfaiteur une plaque commémorative.

La famille de Léopold Delisle s'associa à notre projet, non seulement en nous donnant toutes les autorisations nécessaires, mais encore en faisant, à l'occasion du centenaire de son illustre parent, exécuter, pour la ville de Valognes, une reproduction du buste de Léopold Delisle qui se trouve à la Bibliothèque nationale, réplique qui vient d'être placée dans la salle où nous sommes réunis.

De son côté, la municipalité de Valognes, toujours soucieuse des intérêts moraux de la cité, a donné, à cette occasion, le nom de Léopold Delisle à l'une de ses rues où des plaques indicatrices viennent d'être apposées.

Malgré tous ces appuis, notre projet eût été des plus modestes dans son exécution si des concours précieux ne nous avaient été accordés, qui ont rendu possible la belle manifestation d'aujourd'hui et ont apporté à celui que nous voulions honorer un hommage plus digne de sa renommée.

C'est M. Paul Le Cacheux, notre sympathique conférencier, ancien élève de Léopold Delisle, qui eut la bonne idée de célébrer cette fête du Centenaire et, dût sa modestie bien connue en souffrir, je le dénonce à vos applaudissements.

Il trouva un complice empressé en M. Vidier, inspecteur général des Archives et Bibliothèques, conservateur honoraire à la Bibliothèque nationale, en la personne duquel je suis heureux de saluer le délégué de M. le Ministre de l'Instruction publique.

Ce sont eux qui ont été les ouvriers de la première heure de ce concours de bonnes volontés qui a abouti à la cérémonie d'aujourd'hui, pour l'organisation de laquelle, malgré ses lourdes obligations professionnelles, M. l'Inspecteur général Vidier a dépensé toute son activité.

Qu'ils reçoivent ici tous nos remerciements.

Sous le haut patronage de l'Académie des Inscriptions et Belles-Lettres, un comité se forma en vue de seconder notre initiative. De nombreux collaborateurs, collègues ou disciples de Léopold Delisle, y adhérèrent.

M. Henri Omont voulut bien en accepter la présidence. C'est, en outre, avec empressement qu'il accepta la délégation qui lui fut donnée par l'Académie des Inscriptions et Belles-Lettres pour la représenter officiellement à Valognes. Si mes désirs se fussent réalisés, c'est lui qui, aujourd'hui, eût occupé le fauteuil présidentiel.

Qu'il veuille bien recevoir personnellement l'expression de notre respectueuse reconnaissance, dans laquelle nous unissons l'illustre Compagnie qu'il représente et le Comité dont il avait assumé la direction.

Qu'il me permette d'ajouter qu'il possède un autre

titre à notre gratitude. Comme nous, il est Normand et, par un heureux hasard, nous avons aujourd'hui la bonne fortune d'entendre l'éloge de l'un des plus illustres enfants de la Normandie par deux de ses compatriotes, ses collaborateurs et disciples : l'un né aux portes mêmes de Valognes, le second, représentant, avec toute l'autorité qui s'attache à sa haute situation et à sa science, ce département de l'Eure auquel Léopold Delisle a dû l'un de ses plus beaux titres à la reconnaissance de son pays natal.

Il me reste, pour terminer, à exprimer les remerciements de la Société archéologique de Valognes à tous ceux qui, de près ou de loin, ont apporté leur concours, matériel ou moral, à l'œuvre que nous avions entreprise :

A M. le Ministre de l'Instruction publique et à M. le Préfet de la Manche, qui ont bien voulu se faire officiellement représenter ;

A l'Académie des Inscriptions et Belles-Lettres en général et à un grand nombre de ses membres en particulier ;

A Monsieur le Maire et à la Municipalité de Valognes ;

A la Chambre de commerce de Cherbourg et à son distingué président ;

Aux diverses sociétés savantes de Paris et de province, parmi lesquelles :

- la Société de l'École des chartes ;
- la Société de l'Histoire de France ;
- la Société des Antiquaires de Normandie ;
- la Société de l'Histoire de Normandie ;
- la Société de l'Histoire de Paris et de l'Ile-de-France ;
- la Société d'agriculture, d'archéologie et d'histoire naturelle de la Manche ;
- la Société libre de l'Eure ;

la Société des arts et belles-lettres de Bayeux ;
la Société historique de Lisieux ;
l'Association normande ;
la Fédération des Sociétés régionalistes de Normandie ;

A la famille de Léopold Delisle ;

Aux Conseils généraux de la Manche, du Calvados, de l'Eure, de l'Orne, de la Seine-Inférieure ;

Aux souscripteurs qui, individuellement, nous ont prêté leur concours ;

A toutes les personnes, enfin, qui ont bien voulu participer aujourd'hui à la cérémonie que nous célébrons et qui ont tenu ainsi à témoigner de la reconnaissance et de la vénération que Valognes, la Normandie et la France conservent pour l'illustre savant qui est une de leurs gloires les plus pures.

DISCOURS DE M. H. OMONT

DÉLÉGUÉ DE L'ACADÉMIE DES INSCRIPTIONS ET BELLES-LETTRES

Mesdames,
Messieurs,

L'éminent président de la Société archéologique de Valognes a bien voulu que le délégué de l'Académie des Inscriptions et Belles-Lettres fût appelé à prendre le dernier la parole devant vous. Ce m'est, comme Normand et disciple du maître vénéré dont nous commémorons aujourd'hui la mémoire, un devoir particulièrement agréable de l'en remercier et de m'associer publiquement aux applaudissements qui viennent d'accueillir le discours de notre président M. Joseph Cauvin et la conférence de notre savant confrère M. Paul Le Cacheux, qui tous deux ont si bien et si complètement retracé la vie et l'œuvre de Léopold Delisle, en vous rappelant la place importante que, jusqu'à son dernier jour, la Normandie n'a cessé d'y occuper.

Tout, en effet, a été dit déjà sur notre illustre compatriote, de son vivant et au lendemain de sa mort. Je ne pourrai que résumer à grands traits devant vous sa longue et fructueuse carrière, en rappelant, une fois de plus, ce que lui doivent l'École des chartes, la Bibliothèque nationale, l'Institut et le Comité des Travaux historiques.

C'est à Valognes, où il est né le 24 octobre 1826, et où son père était médecin, que, dès le collège, Léopold Delisle a puisé le goût de l'érudition. Il y eut pour premier maître un de ses compatriotes, Charles Duhérissier de Gerville, qui lui fit partager sa passion pour l'étude du moyen âge, l'initia à la lecture des anciennes écritures et lui révéla l'existence de l'École des chartes, alors à ses débuts, et aussi celle de l'Académie des Inscriptions, dont lui-même venait d'être élu correspondant.

A la fin de l'année 1845, les parents de Léopold Delisle le conduisaient à Paris pour suivre les cours de l'École des chartes et de l'École de droit. Là encore M. de Gerville devait aider et guider ses premiers pas, en lui remettant des lettres d'introduction auprès de trois savants, dont il lui assura l'amitié : Charles Lenormant, conservateur à la Bibliothèque royale et membre de l'Académie des Inscriptions, Auguste Le Prevost, député de l'Eure et membre libre de la même Académie, et Jules Desnoyers, secrétaire de la Société de l'Histoire de France. Jusqu'à ses derniers jours, Léopold Delisle conserva un souvenir reconnaissant à ce vieux gentilhomme normand, revenu de l'émigration en Angleterre et qui, avec Arcisse de Caumont et Auguste Le Prevost, avait été l'un des fondateurs de la Société des Antiquaires de Normandie.

L'École des chartes était loin d'offrir, à cette époque, les ressources nombreuses dont disposent ceux qui suivent aujourd'hui ses cours. « En 1846, nous raconte le nouvel élève dans ses touchants *Souvenirs de jeunesse*, j'avais à suivre un seul cours, que M. Guérard faisait dans les combles de la Bibliothèque royale et qu'il dut interrompre à plusieurs reprises pour raison de santé. En 1847, la réorganisation de l'École, transférée aux Archives du Royaume, dans un local encore à moitié approprié, réduisit à trois mois la durée des cours ; en 1848, les événements amenèrent une assez longue fermeture de l'École. Ces loisirs obligés, Léopold Delisle sut les mettre à profit, ainsi que les deux années qui suivirent la soutenance de sa thèse, au début de 1851. Avec une studieuse ardeur, il se livra à une exploration méthodique des différents dépôts d'archives des départements de la Normandie et, à Paris, compulsa chartes et cartulaires normands conservés à la Bibliothèque et aux Archives nationales, dont Benjamin Guérard et Natalis de Wailly lui avaient ouvert les collections.

Le premier fruit des laborieuses recherches du nouvel archiviste ne se fit pas attendre. Dès 1851 paraissaient, sous les auspices de la Société libre de l'Eure, les *Études sur la condition de la classe agricole et l'état de l'agriculture en Normandie au moyen âge*, auxquelles l'Académie des inscriptions décernait, deux ans de suite, la plus haute de ses récompenses, le premier prix Gobert. La publication successive, en 1855, du cinquième et dernier volume de l'édition de l'*Histoire ecclésiastique* d'Orderic Vital, entreprise par Auguste Le Prevost, puis, en 1856, du *Catalogue des actes de Philippe-Auguste*, mettait le sceau à la réputation du jeune érudit, qui, l'année suivante, à trente et un ans, voyait les portes de l'Institut s'ouvrir toutes grandes devant lui.

Désormais, la carrière de Léopold Delisle était fixée à Paris, pour plus d'un demi-siècle, à la Bibliothèque nationale, où Guérard, son professeur à l'École des chartes, devenu conservateur des manuscrits, avait su le retenir auprès de lui en novembre 1852, au moment même où le poste d'archiviste de la Seine-Inférieure venait d'être offert à son élève. Un véritable désordre régnait alors dans les collections du grand établissement de la rue de Richelieu, désordre dont avaient su profiter d'indélicats collectionneurs, pour ne pas dire des malfaiteurs. Le premier soin de Guérard avait été d'y porter remède, et, dès le lendemain de sa nomination, il traçait à son jeune collègue tout un plan de réformes et d'améliorations qu'il envisageait comme indispensables au Département des manuscrits. « Toutes les pièces, lui dit-il, doivent être cataloguées au moins sommairement, toutes doivent porter des cotes régulières, aussi simples que possible, et absolument immuables. Il faut respecter strictement les classements consacrés par l'usage, et que des concordances soient établies pour permettre de passer sans hésitation de l'ancien numéro au nouveau. Il est absolument nécessaire de connaître l'histoire de la Bibliothèque, et de savoir distinguer l'écriture et les marques des premiers possesseurs de manuscrits, surtout l'écriture et les chiffres des anciens bibliothécaires. » A première vue, ce programme si précis et si vaste, alors que tout, ou à peu près, était à faire, semblait irréalisable. Et, cependant, la prodigieuse capacité de travail et le dévouement professionnel de Léopold Delisle lui ont permis de le remplir, non seulement au Département des manuscrits, mais encore au Département des imprimés, lorsqu'en 1874 il fut devenu administrateur général.

Il commença par procéder au triage et au classement d'un amas énorme de parchemins et de papiers de toutes provenances, débris pour la plupart des anciennes archives de la Chambre des comptes, vendus au poids sous l'ancien régime, entassés et abandonnés dans les combles de la Bibliothèque. Son labeur, ingrat en apparence, fut récompensé par de nombreuses découvertes, telle, entre beaucoup d'autres, que celle de la lettre d'un habitant de La Rochelle à la reine Blanche de Castille, savamment commentée en 1856 dans la *Bibliothèque de l'École des chartes*. Puis il entreprit la mise en ordre de plus de dix mille manuscrits latins, entrés à la Bibliothèque depuis la publication du Catalogue de 1744. Ces volumes provenaient, en majeure partie, des établissements religieux supprimés à la Révolution, des abbayes de Saint-Germain-des-Prés et de Saint-Victor de Paris, de la Sorbonne, de l'église Notre-Dame de Paris, etc., et leur nombre avait plus que doublé l'ancien fonds des manuscrits latins. L'inventaire sommaire qu'il rédigea de ces manuscrits, et qui parut aussi dans la *Bibliothèque de l'École des chartes*, de 1863 à 1874, est encore aujourd'hui un précieux instrument de travail pour les érudits.

En même temps, Léopold Delisle avait su réunir les éléments de l'ouvrage capital, qui lui vaudra l'éternelle reconnaissance des savants, aussi bien que celle des bibliothécaires et des bibliophiles, le *Cabinet des manuscrits*, dont les trois volumes, complétés par un atlas de spécimens d'écritures, paraissaient de 1868 à 1881. Trésor bibliographique incomparable, dont aucune autre bibliothèque ne possède l'équivalent. On n'y trouve pas seulement la nomenclature des acquisitions successives qui, au cours de quatre siècles et plus, ont constitué le Département des manuscrits tel qu'il est aujourd'hui ; mais aussi l'histoire d'une suite de bibliothèques de rois, de princes, de grands seigneurs bibliophiles, d'historiens érudits, collections presque toutes justement célèbres, aussi bien par le goût éclairé de leurs possesseurs que par le choix et le prix des livres qui les composaient.

La publication du *Cabinet des manuscrits* était à peine achevée que se succédaient, à quelques années de date, les *Mélanges de paléographie* (1880), l'inventaire des manuscrits de l'antique abbaye de Cluny (1884), le catalogue des collections du comte de Bastard d'Estang (1885), celui des manuscrits des fonds Libri et Barrois (1888), enfin deux gros volumes d'inventaires de manuscrits latins et français nouvellement acquis, de 1875 à 1891. Tous ces volumes venaient témoigner du succès des recherches sagaces, des patientes et des habiles négociations de Léopold Delisle, qui ne cessait d'amener ainsi aux collections de la Bibliothèque nationale d'importantes restitutions et de lui assurer des richesses nouvelles.

Dans le même temps, le Département des imprimés offrait un nouveau champ à la merveilleuse activité de l'administrateur général. Dès 1875, au lendemain de son entrée en fonctions, dans un rapport au ministre, il exposait le plan des réformes qu'il se proposait d'y entreprendre. Renonçant à l'impression de nouveaux catalogues méthodiques, il faisait rédiger pour toutes les sections des livres imprimés des inventaires numériques, dans lesquels une cote fixe était désormais attribuée à chaque volume d'un même ouvrage, à chaque pièce d'un même volume. L'ordre devait être ainsi définitivement assuré dans les collections, les récolements facilités et la rapidité des communications allait être singulièrement accrue. A vingt ans de là, les promesses du rapport de 1875 étaient tenues et le premier volume d'un Catalogue général alphabétique, par noms d'auteurs, des livres imprimés de la Bibliothèque nationale, précédé d'une magistrale introduction, paraissait en 1897. Léopold Delisle a pu voir, avant de mourir, le quarante et unième volume de ce vaste et utile répertoire, depuis si longtemps attendu, qu'il appelait de tous ses vœux, et il n'a pas tenu à lui que la publication n'en fût, dès le début, plus activement poussée et aujourd'hui peut-être complètement achevée.

A l'Institut, aux travaux et aux différentes publications duquel Léopold Delisle a été associé et a collaboré pendant plus d'un demi-siècle aussi, le souvenir de son activité scientifique, de son expérience et de son dévouement n'est pas resté moins vivant qu'à la Bibliothèque nationale. Élu en 1857 à l'Académie des Inscriptions, où il succédait à l'orientaliste Étienne Quatremère, dès 1860 il était appelé à faire partie de l'une des principales commissions de travail, celle à qui était confiée la continuation de la publication du grand *Recueil des historiens des Gaules et de la France.* Il ne tarda pas à devenir l'un des membres les plus actifs de cette commission, et, en même temps qu'il dirigeait, de 1869 à 1880, la réimpression des dix-neuf premiers volumes, publiés au XVIIIe siècle par les Bénédictins, il fournissait beaucoup de textes au tome XXII (1865) et un plus grand nombre encore au tome XXIII (1876), sur le titre desquels son nom figure à côté de celui de Natalis de Wailly. Le tome XXIV, publié en 1904, qui est tout entier son œuvre, contient le texte des enquêtes ordonnées par saint Louis et ses successeurs immédiats, c'est-à-dire une bonne partie de l'histoire administrative et sociale du XIIIe siècle. Il l'a fait précéder en guise d'introduction d'une chronologie des baillis et des sénéchaux royaux, depuis les origines jusqu'à l'avènement de Philippe de Valois, qui, à elle seule, eût pu former la matière d'un volume spécial et qui, suivant une très juste remarque de l'auteur, est appelée à rendre, pour l'histoire de l'administration civile, des services analogues à ceux que nous sommes habitués à demander, pour l'histoire ecclésiastique, aux listes de la *Gallia christiana.*

Sa collaboration aux autres publications de l'Académie des Inscriptions n'a été ni moins active, ni moins féconde, et il en a fait largement profiter les *Mémoires*, les *Notices et extraits des manuscrits*, l'*Histoire littéraire de la France*, sans parler encore des *Comptes-rendus des séances* de l'Académie et du *Journal des Savants.* La liste est considérable des travaux plus ou moins étendus, voire des simples notes, qu'il a donnés à ces différents recueils, et qui tous ont apporté des données nouvelles et élargi ou précisé le champ de nos connaissances sur de multiples points d'histoire proprement dite, d'histoire littéraire, de paléographie, de diplomatique et de bibliographie. Qu'il me suffise de rappeler seulement, entre les principaux et par ordre de leurs dates : ses Recherches sur l'ancienne bibliothèque de Corbie (1861) ; sur les ouvrages de Guillaume de Nangis (1873), de Bérard de Naples et de Bernard Gui (1877 et 1879) ; sur d'anciens manuscrits de Lyon, d'Orléans et de Tours, dérobés par le trop célèbre Libri (1880-1885) ; sur d'anciens sacramentaires (1886) ; sur les opérations financières des Templiers (1889) ; sur les livres d'images des XIIIe et XIVe siècles (1890) ; sur les manuscrits originaux d'Adémar de Chabanes (1896) et le *Liber floridus* de Lambert de Saint-Omer (1906), etc.

Tous ces travaux avaient naturellement désigné Léopold Delisle au choix de ses confrères pour remplir l'un des postes de conservateur du Musée Condé, à Chantilly, lorsque l'Institut fut entré en possession de la magnifique donation du duc d'Aumale. Aussitôt le Cabinet des livres y fut l'objet de ses soins, et en 1900 paraissaient les deux premiers et somptueux volumes du catalogue des manuscrits du Musée Condé (dont les notices avaient été rédigées en partie par le duc d'Aumale lui-même), puis un troisième et dernier volume, complétés en 1905 par l'Inventaire de la riche collection des livres imprimés antérieurs au milieu du XVIe siècle.

L'École des chartes et la Société de l'École des chartes n'ont pas tenu dans la vie de Léopold Delisle une place moins grande que l'Institut et la Bibliothèque nationale. Membre du Conseil de perfectionnement de l'École dès 1858, il en était devenu président en 1878 et le resta jusqu'à sa mort, assidu aux séances du Conseil et prenant une part active aux examens annuels et aux soutenances des thèses. S'il n'a pas enseigné à l'École des chartes, il a contribué pendant plus de cinquante ans à développer, par toute l'Europe et jusqu'en Amérique, le bon renom de l'École et de la *Bibliothèque de l'École des chartes*, dont la publication lui avait été confiée en

1852 et qu'il n'abandonna qu'en 1905. En enrichissant ce recueil d'innombrables mémoires, articles, comptes-rendus, ou même simples notes d'histoire, de paléographie, de diplomatique et de bibliographie, il y a donné un enseignement en quelque sorte complémentaire de celui des professeurs.

A côté de l'École des chartes et de l'Institut, Léopold Delisle a encore fait profiter des trésors de son érudition et de son expérience le Comité des Travaux historiques et scientifiques, au ministère de l'Instruction publique, qui le comptait parmi ses membres depuis 1858. Il en a présidé la section d'histoire et de philologie de 1873 à 1910, apportant un soin attentif à suivre, guider et encourager les travailleurs des sociétés savantes de Paris et des départements, quand il ne collaborait pas lui-même, plus ou moins activement, à leurs publications ; telles sont, sans parler des sociétés normandes, la Société des Antiquaires de France, dont il avait été élu membre en 1855 ; la Société de l'Histoire de France, qui l'était allé chercher sur les bancs de l'École des chartes et dont il a été l'une des gloires ; la Société de l'histoire de Paris et de l'Ile-de-France, à la fondation de laquelle il avait présidé en 1875. C'est aussi pour le Comité des Travaux historiques qu'il a tracé, en 1859, le plan des *Dictionnaires topographiques ;* qu'il a rédigé les *Instructions pour la littérature latine et l'histoire du moyen âge*, adressées en 1890 aux correspondants du Comité ; c'est sous son patronage qu'ont paru la même année encore d'autres *Instructions pour le classement des bibliothèques*, complétant celles qu'il avait précédemment rédigées, en 1873, pour la rédaction du Catalogue général des manuscrits.

Cette longue suite de publications, qu'il eût été facile

d'allonger encore, ne peut cependant donner qu'une idée incomplète de tout ce que l'on doit à Léopold Delisle. A mesure que ses multiples fonctions l'y invitaient, que la curiosité de son esprit, toujours jeune et sans cesse en éveil, l'y incitait, il cherchait à élargir le champ de ses recherches et à accroître ses connaissances. On a pu le comparer justement aux grands érudits de la Renaissance, aux Bénédictins du XVIIe siècle, au célèbre Du Cange, qu'il rappelle surtout par son ardeur au travail et par sa probité scientifique, de même que le caractère prudent et lucide de son génie le rattachait à sa province natale, dont l'histoire a été jusqu'à son dernier jour si chère à son cœur. La postérité conservera le souvenir de la rare puissance de travail et de l'absolu dévouement au devoir professionnel, qui, de son vivant et au lendemain de sa mort, ont valu à l'érudit incomparable et au grand bibliothécaire, à ce bon Français, à ce grand et laborieux Normand, tant de témoignages unanimes de la reconnaissance et de l'admiration que lui conservera la postérité.

M. le président Cauvin invite ensuite les personnes présentes à bien vouloir se rendre devant la maison natale de Léopold Delisle, rue des Religieuses, où va avoir lieu l'inauguration de la plaque commémorative du Centenaire de la naissance de Léopold Delisle.

En présence des assistants, rassemblés devant la maison, le voile qui recouvre la plaque commémorative est enlevé. M. le président Cauvin prononce alors une allocution au nom de la Société archéologique de Valognes, puis prennent successivement la parole M. J. Villault-Duchesnois, député de la Manche, conseiller général du canton de Valognes, au nom du département, et M. A. Vidier, inspecteur général des Bibliothèques et des Archives, au nom du Ministre de l'Instruction publique.

ALLOCUTION DE M. LE PRÉSIDENT CAUVIN

Mesdames,
Messieurs,

Au nom de la Société archéologique de Valognes, j'ai l'honneur de confier cette plaque commémorative à la piété de la famille de Léopold Delisle et au respect des habitants de sa ville natale.

Je remercie l'Académie des Inscriptions et Belles-Lettres d'avoir bien voulu rédiger elle-même l'inscription qui y figure et qui résume en quelques lignes la vie de notre illustre compatriote : sa naissance à Valognes en 1826, son élection à l'Académie des Inscriptions et Belles-Lettres, les hautes fonctions qu'il a exercées à la Bibliothèque nationale, son grade élevé dans l'Ordre de la Légion d'honneur, et, enfin, sa mort à Chantilly, où la confiance de ses collègues de l'Institut l'avait délégué comme l'un des conservateurs du Musée Condé.

Le cartouche qui est en dessous témoignera que cent

ans après sa naissance ses disciples, ses collaborateurs, ses compatriotes et ses admirateurs ont tenu à lui rendre hommage et à perpétuer son souvenir.

Que ce modeste monument rappelle chaque jour aux compatriotes de l'illustre savant non seulement le labeur énorme qu'il a accompli, mais aussi les honneurs qui sont venus le trouver de son vivant, sans qu'il les eût recherchés.

En cette circonstance, et au point où nous sommes arrêtés dans cette rue des Religieuses, il est difficile de ne point évoquer, en même temps que la figure sereine de Léopold Delisle, l'image plus tourmentée de son prestigieux voisin.

Dans le noble hôtel de Grandval, situé en face de la maison où est né celui que nous célébrons aujourd'hui, notre grand Barbey d'Aurevilly, auquel il y a quelques mois nous rendions l'hommage qui lui était dû, venait, sur le déclin d'une existence pauvre et solitaire, chercher à ses désillusions un apaisement que « Valognes-la-Morte » était cependant loin de lui apporter. C'est dans un sentiment tout différent qu'à la même époque Léopold Delisle revenait dans cette maison bourgeoise qui l'a vu naître.

Ce ne sont point des spectres qu'il y cherchait ni l'amer regret d'un passé qui ne pouvait revivre, mais bien le souvenir d'une jeunesse heureuse pendant laquelle il avait ébauché de beaux rêves, que sa longue existence, consacrée au travail et à la science, avait vus se réaliser et au delà de ses premiers espoirs.

Au soir de sa vie, il venait, dans un cadre familier, entouré du respect et de l'affection de ses parents et de ses concitoyens, goûter, entre les murs qui avaient abrité son enfance, un repos bien gagné. La tradition veut toutefois que ce repos fut souvent consacré à de nouvelles études et que sa sœur dévouée, Mlle Stéphanie Delisle, ait été obligée, parfois, pour mettre fin à de trop laborieux délassements, de venir, bien avant dans la nuit, enlever à son frère sa lampe de travail.

Que la vie de Léopold Delisle, si bien remplie et d'un cours si harmonieux, soit pour les générations futures un exemple ; qu'elle soit aussi pour tous un symbole d'optimisme, ce sentiment sans lequel on ne peut rien entreprendre de durable.

Dans son incessant labeur, l'illustre savant ne s'est jamais posé cette question : « A quoi bon? »

Et par là aussi il a droit à notre respect, à notre admiration et à notre vénération.

ALLOCUTION DE M. J. VILLAULT-DUCHESNOIS

AU NOM DU DÉPARTEMENT DE LA MANCHE

Mesdames,
Messieurs,

Il y a quelques mois, par une douce matinée de printemps, sous une voûte de pommiers en fleurs, nous conduisions dans une apothéose de gloire, vers sa dernière demeure en terre normande, l'incomparable écrivain qui, à la fin du XIXe siècle, honora peut-être le plus les lettres françaises. — Normand superbe qui, par sa puissante évocation du passé et par ses splendides descriptions de notre pays de Valognes, sut le mieux faire vibrer nos âmes normandes.

Aujourd'hui, c'est à un grand savant qui n'oublia jamais la chère petite patrie normande, où il aimait à venir se reposer et à laquelle il sut faire une place importante dans son œuvre, qu'à l'occasion du centenaire de sa naissance va notre tribut d'admiration, d'affection et de reconnaissance.

La vie et l'œuvre de Léopold Delisle ont été évoquées il y a quelques instants, devant vous, dans un magnifique langage.

Que pourrai-je ajouter à ce panégyrique? Mon rôle sera plus modeste. Il est d'associer très simplement en quelques mots notre département, et en particulier l'arrondissement de Valognes, à l'hommage rendu à notre illustre compatriote.

Léopold Delisle était aussi Normand qu'on peut l'être. Il appartenait à une de ces familles de vieille souche bourgeoise, honneur de notre ville, dont les membres se dévouèrent toujours au bien public et qui, aujourd'hui encore, est représentée avec distinction au sein de notre assemblée départementale.

Ce fut un grand érudit valognais, le savant archéologue de Gerville, qui, en l'initiant à ses travaux, décida de sa carrière.

De même que de Gerville peut être considéré comme le fondateur de l'archéologie, de même le nom de Léopold Delisle restera à jamais illustre dans le monde entier comme le créateur en France des études médiévales.

On est stupéfait, Messieurs, quand on embrasse dans son ensemble l'œuvre de Léopold Delisle et on se demande comment un homme, quelle qu'ait été sa puissance d'érudition et de travail, a pu produire une somme de recherches aussi considérable !

Il est vrai qu'il commença très jeune ; une de ses œuvres maîtresses, *Études sur les conditions de la classe agricole et l'état de l'agriculture en Normandie au moyen âge*, parut en 1851. Il avait vingt-cinq ans. Elle reste pour nous, Normands, d'un prodigieux intérêt et fut un de ses principaux titres à l'Académie des Inscriptions et Belles-Lettres, où il entra en 1857, à trente et un ans.

Parmi ses œuvres normandes qui nous touchent de plus près, je citerai au hasard : *La vie du **Bienheureux** Thomas **Hélie** de Biville d'après des documents du XIIIe siècle; Histoire du château des sires de Saint-Sauveur-le-Vicomte; Chronique de Robert de Torigni, abbé du Mont-Saint-Michel.*

Il y en aurait bien d'autres à citer, mais, après la belle et si intéressante conférence de notre savant ami M. Paul Le Cacheux et le magistral discours de l'éminent représentant de l'Institut de France, M. Omont, il serait présomptueux à moi d'insister.

Si Léopold Delisle fut Normand par sa famille, par sa naissance, par son œuvre, il le fut également par son mariage.

Il épousa, en effet, une des quatre filles de l'orientaliste et grammairien, originaire de la région valognaise, Eugène Burnouf — une autre de ses filles avait épousé Gaston Boissier.

Mme Léopold Delisle était une femme de haute intelligence et d'une grande culture. Elle fut non seulement la compagne de sa vie, mais aussi la collaboratrice de son œuvre. Elle possédait, comme son grand-père et son père, le don des langues. Elle fit de nombreuses traductions pour servir aux travaux de son mari. Une de ses dernières traductions, chose assez curieuse, fut celle des ouvrages d'un savant abbé italien, l'abbé Achille Ratti, qui n'est rien moins que le Souverain Pontife actuel, Sa Sainteté Pie XI.

Léopold Delisle était une figure familière de Valognes où il revenait chaque année. Ses compatriotes le regardaient passer dans les vieilles rues de leur ville avec quelque chose de plus que du respect et de l'admiration, avec de l'affection. Il leur appartenait en quelque sorte ; sa gloire rejaillissait sur leur cité et sur eux-mêmes.

J'étais encore étudiant quand je lui fus présenté. Il m'accueillit avec bienveillance et bonté — je le revis souvent.

La dernière fois que j'eus cet honneur ce fut dans le magnifique cadre du somptueux domaine dont il fut un des premiers conservateurs.

Les frondaisons d'automne qui doraient la séculaire forêt de Chantilly nimbaient, comme une auréole de gloire, la silhouette de ce beau vieillard à l'allure si simple, mais dont le regard rayonnait de la flamme de l'intelligence et de la science.

Il voulut me faire les honneurs de la salle qui renferme un des joyaux du musée de Chantilly, les chefs-d'œuvre de l'incomparable imagier du XVe siècle, Jean Fouquet. Ce fut pour moi un enchantement ! Et aujourd'hui, après bien des années, je n'ai pu résister au désir de rappeler ce souvenir personnel à jamais gravé dans ma mémoire.

Léopold Delisle mourut au mois de juillet 1910 à Chantilly.

La veille de sa mort, il rédigea encore une note très intéressante sur un atlas, aujourd'hui disparu, d'un capitaine de vaisseau et géographe du XVIIe siècle d'origine valognaise, Jean de Clamorgan.

Si en Normandie, Messieurs, nous restons fidèles aux doux souvenirs qui bercèrent nos premiers rêves et au coin de terre où dorment les ancêtres, si, en un mot, nous chérissons d'un amour fervent la petite patrie, c'est cependant à la grande France que toujours vont nos espoirs, nos dévouements et nos fiertés.

De même, nous gardons au grand Normand Léopold Delisle, au fond de nos cœurs reconnaissants, un sentiment de profonde affection.

Mais ce n'est pas seulement à ce titre que lui vont nos hommages.

C'est avant tout l'illustre savant français, qui demeure une de nos pures gloires nationales, qu'au nom de notre département et de l'arrondissement de Valognes je salue aujourd'hui de tout notre respect et de toute notre admiration.

ALLOCUTION DE M. A. VIDIER

AU NOM DU MINISTRE DE L'INSTRUCTION PUBLIQUE ET DES BEAUX-ARTS

Mesdames,
Messieurs,

M. le Ministre de l'Instruction publique et des Beaux-Arts a tenu à associer le Gouvernement à l'hommage qui est rendu aujourd'hui à la mémoire de Léopold Delisle.

Unis dans un sentiment commun de vénération, collaborateurs ou disciples du maître, admirateurs de son œuvre, nous nous sommes groupés en vue de manifester à l'occasion du centenaire de sa naissance le respect et la reconnaissance dont nous entourons son souvenir. Nous avons eu l'heureuse fortune de nous placer sous les auspices de la Société historique de Valognes ; nous avons bénéficié des encouragements les plus délicats d'une municipalité dont je suis heureux de saluer ici le premier magistrat. Le Conseil municipal a donné le nom de Léopold Delisle à une rue de la ville ; nous avons trouvé pour nous rassembler le lieu le plus propice dans la salle des fêtes de l'hôtel de ville. Le panégyrique du maître a été prononcé par trois voix également autorisées, un historien normand, l'éminent magistrat qui préside la Société historique de Valognes, et le savant qui fut le collaborateur le plus direct et le continuateur de Léopold Delisle. Vous venez enfin d'entendre l'orateur qualifié du département de la Manche et du canton de Valognes.

Qu'ajouter à ce qui vient d'être dit? Sinon, dans un bref raccourci, rappeler ce qui, dans la vie et l'œuvre de Léopold Delisle, lui vaudra toujours la gratitude publique.

Les services les plus éminents rendus pendant plus d'un demi-siècle à la Bibliothèque nationale par Léopold Delisle, depuis le modeste emploi d'auxiliaire jusqu'à celui de directeur, qu'il occupa trente années, ont contribué plus qu'on ne saurait l'imaginer à rendre particulièrement brillante la situation mondiale de cette illustre maison. La Bibliothèque nationale a, sous son administration, retrouvé et tenu dignement la place que lui avaient faite à côté de l'Université et du Collège de France les rois les plus lettrés et les plus délicats bibliophiles, Charles V, Charles VIII, Louis XII, François Ier ; elle a, grâce à lui, centre de haute érudition, rénové la tradition qui la rattachait aux plus grands représentants de la haute culture française, dont les noms, du XVIe au XIXe siècle, s'allient intimement à l'histoire de ses collections.

Agrandissement et transformation de l'édifice, enrichissement prodigieux des collections, réorganisation rationnelle de celles-ci, en dépit des masses immenses qu'elles forment et qui eussent effrayé de moins experts, rayonnement intense enfin, sous sa haute autorité, de la science historique et bibliographique dont le foyer de la rue de Richelieu projeta sa lueur bien au delà de nos frontières. Voilà ce que la Bibliothèque nationale doit à Léopold Delisle.

Les autres bibliothèques de Paris, celles de l'État et des villes, en province, lui doivent aussi les règles qui président à l'ordonnance de leurs collections et au fonctionnement de leurs services.

Les conseils de son expérience, prodigués à la Commission supérieure des Archives, dont il était l'un des membres les plus écoutés, ont, d'autre part, exercé la plus salutaire influence sur l'organisation de nos Archives nationales et départementales.

Bref, son action régularisatrice et bienfaisante s'est

exercée en faveur de tous nos dépôts publics et nul, aussi, n'a, plus que lui, contribué à en mettre les richesses en valeur.

Président du Comité des Travaux historiques, Léopold Delisle fut, durant sa longue carrière, et combien discrètement, l'inspirateur et le véritable directeur des nombreux travaux d'érudition qui furent édités sous les auspices du ministre de l'Instruction publique ou bien publiés par ces laborieuses sociétés savantes, dont tant de représentants sont en ce jour pieusement ici réunis, ces sociétés qui, dans chaque province, s'attachent à restaurer les lambeaux du passé ou à en réunir les épaves, afin d'élever et de perfectionner sur les solides bases de l'histoire locale l'édifice de notre histoire nationale.

Traditionaliste, certes, Delisle le fut ; comment ne l'eût-il pas été celui qui, entre autres cent mille manuscrits et à côté des œuvres autographes de nos écrivains modernes, tels que Victor Hugo ou les Goncourt, avait la garde et analysait de son regard perspicace la Bible de Charles le Chauve, les précieux manuscrits enluminés de la librairie de Charles V ou les Heures d'Anne de Bretagne ; celui qui, entre plus de trois millions de livres imprimés, dont le nombre s'accroissait chaque jour par les apports de la production moderne, étudiait, critiquait et dévoilait l'origine des xylographes et des premières productions de l'imprimerie et élevait un monument à la gloire de Gutenberg, à celle des prédécesseurs probables de ce génial artisan et de ses successeurs immédiats ; traditionaliste encore le savant qui débutait par l'étude des *Monuments relatifs à l'usage de prier pour les morts au moyen âge*, par le *Catalogue des actes de Philippe-Auguste* ou par l'*Histoire des classes agricoles en Normandie au Moyen âge*, qui continuait par les *Opérations financières des Templiers* et les *Enquêteurs de saint*

Louis et qui terminait par le monumental *Recueil des chartes de Henri II, roi d'Angleterre*, relatives à la Normandie.

Mais l'habitude de scruter le passé n'excluait pas chez lui l'esprit de progrès. Novateur, Delisle le fut hardiment lorsqu'il ouvrit au public studieux les salles de la Bibliothèque nationale au delà des heures jusqu'alors réglementaires, pour atteindre l'extrême limite que permettait la lumière du jour selon les saisons ; novateur, lorsqu'il créa, dans la galerie Mazarine, cette admirable exposition permanente des principaux joyaux de la Bibliothèque, qu'il a fallu depuis transformer en exposition temporaire ; novateur, lorsqu'il organisa en diverses circonstances : centenaires de grands écrivains, congrès d'orientalistes ou de géographes, apothéose des primitifs français, d'admirables exhibitions temporaires qui firent connaître au grand public les plus précieux monuments de l'esprit et de l'art français ; novateur encore, lorsqu'il s'astreignit à l'ingrate besogne qui consistait à rédiger et à publier des nomenclatures sommaires qui rendirent accessibles, sans plus différer, d'immenses collections dont les catalogues savants ne pouvaient, avant de longues années, ni être dressés, ni voir le jour.

C'est à ces initiatives de Léopold Delisle que ses successeurs ont rendu hommage, lorsque les circonstances leur permirent de les développer et de les perfectionner. Aujourd'hui encore, et chaque jour, sa grande ombre plane rue de Richelieu ; les meilleures des réformes qui y ont été opérées procèdent de projets qu'il avait longuement prémédités et judicieusement préparés.

Voilà, Messieurs, pour m'en tenir aux seuls actes de la vie publique de Léopold Delisle, ce que M. le ministre de l'Instruction publique m'a confié le soin de rappeler aujourd'hui devant la maison natale du maître, afin de publier aux oreilles de tous que le Pays n'oublie pas qui l'a bien servi, que le Pays honore la mémoire de ceux qui ont fécondé de leur haute intelligence et de leur profonde science le glorieux sillon du passé de la France.

Qu'il me soit permis d'ajouter que le Ministre, en désignant pour le représenter aujourd'hui celui qui, il y a trente ans, jeune chartiste fraichement émoulu de l'École et apprenti bibliothécaire, eut l'insigne faveur d'être l'un des derniers collaborateurs de Léopold Delisle et eut l'honneur de jouir de son amitié, le ministre, dis-je, me donne l'occasion de rappeler aussi combien fut grande la bonté de Léopold Delisle et celle de Mme Delisle, dont le nom est inséparable de celui de son mari. Bons et pour les jeunes, et pour les modestes, et pour les humbles, ils le furent tous deux au suprême degré ; leur bienveillance soutenait les pas des débutants ; leurs encouragements propices étaient prodigués sans compter à qui avait gagné leur estime ; leur bienfaisance s'exerçait aussi efficace que discrète en faveur du petit personnel de la Bibliothèque nationale, lorsque les charges de famille ou la maladie introduisait la gêne dans des foyers laborieux.

C'est par ce souvenir ému de la bonté de Léopold Delisle, en même temps que par un hommage à la science et aux mérites d'un maître profondément aimé et religieusement vénéré, que je vous invite, au nom du Ministre de l'Instruction publique, à terminer cette commémoration centenaire en l'honneur du plus grand érudit qu'ait vu le XIXe siècle, en l'honneur d'un des hommes les plus illustres dont la Normandie, qui compte tant de gloires, ait à s'enorgueillir.

LE 24 OCTOBRE 1826
EST NÉ DANS CETTE MAISON
LÉOPOLD DELISLE
MEMBRE DE L'INSTITUT
ADMINISTRATEUR GÉNÉRAL
DE LA BIBLIOTHÈQUE NATIONALE
GRAND OFFICIER DE LA LÉGION D'HONNEUR
MORT A CHANTILLY LE 22 JUILLET 1910

24 OCTOBRE 1926

PLAQUE APPOSÉE LE 7 NOVEMBRE 1926
SUR LA MAISON NATALE
DE LÉOPOLD DELISLE
RUE DES RELIGIEUSES, 51, A VALOGNES

MAISON NATALE DE LÉOPOLD DELISLE

Rue des Religieuses, 51, à Valognes.

IMP. CATALA FRÈRES, PARIS.

LISTE DES SOUSCRIPTEURS

Société archéologique de Valognes.
Académie des sciences, arts et belles-lettres de Caen.
Association des archivistes français.
Association des bibliothécaires français.
Chambre de commerce de Cherbourg et de Valognes.
Conseil général du Calvados.
Conseil général de l'Eure.
Conseil général de la Manche.
Conseil général de l'Orne.
Conseil général de la Seine-Inférieure.
École des chartes, les élèves de la promotion de seconde année (1925-1926).
École des chartes, les élèves de la promotion de troisième année (1925-1926).
Famille Delisle.
Société d'agriculture, d'archéologie et d'histoire naturelle de la Manche (à Saint-Lô).
Société libre d'agriculture, etc., de l'Eure (à Évreux).
Société des Antiquaires de Normandie (à Caen).
Société historique de Lisieux.
Société de l'histoire de Normandie (à Rouen).

S. É. le cardinal Fr. Ehrle.

Mmes Mandrot (Bernard de).
Rey (Auguste).
Rothschild (baronne James de).

Mlle Solente (Suzanne), bibliothécaire à la Bibliothèque nationale.

MM.

Allemagne (Henry d'), bibliothécaire honoraire à la bibliothèque de l'Arsenal.

Anquetil, président de la Société des arts et belles-lettres de Bayeux.

Aubert (Marcel), professeur à l'École des chartes.

Aubry-Vitet, archiviste-paléographe, à Paris.

Auvray (Lucien), conservateur-adjoint à la Bibliothèque nationale.

Barroux (Marius), archiviste en chef de la ville de Paris et du département de la Seine.

Beaurepaire (Charles de), avocat, secrétaire de la Société de l'histoire de Normandie, à Rouen.

Beaurepaire (Georges de), directeur de l'École de droit de Rouen.

Beaurepaire (Joseph de), président de la Société rouennaise des bibliophiles, à Rouen.

Bémont (Ch.), membre de l'Institut, directeur à l'École pratique des hautes études.

Béreux (Jean), archiviste de l'Oise.

Berland (Just), archiviste de la Marne.

Betgé-Lagarde (André), archiviste de Loir-et-Cher.

Biernawski (Louis), archiviste de la Loire.

Bigot, doyen de la Faculté des sciences de Caen, ancien président de la Société des Antiquaires de Normandie.

Blanchet (Adrien), membre de l'Institut, bibliothécaire honoraire à la Bibliothèque nationale.

Blanquart (abbé F.), secrétaire adjoint de la Société de l'histoire de Normandie.

Boissais, ancien président de la Société des Antiquaires de Normandie.

Bondois (Paul), bibliothécaire à la Bibliothèque nationale.

Bonin (Ch.-E.), ministre plénipotentiaire, chef du service des archives au ministère des Affaires étrangères.

Boüard de Laforest (Alain de), professeur à l'École des chartes.

Bridrey, professeur à la Faculté de droit de Caen.

Brix (baron de), membre de la Société des Antiquaires de Normandie.

Bruchet (Max), archiviste du Nord, chargé de cours à la Faculté des lettres de Lille.

Brunel (Clovis), professeur à l'École des chartes.

Busquet (Raoul), archiviste des Bouches-du-Rhône.

Cauvin (J.), vice-président du tribunal de la Manche, président de la Société archéologique de Valognes.

Champion (Pierre), archiviste-paléographe, maire de Nogent-sur-Marne.

Chaplain, substitut du procureur de la République, près le tribunal de la Seine-Inférieure, section du Havre.

Chobaut (Hyacinthe), archiviste du Gard.

Claudon (Ferdinand), archiviste de la Côte-d'Or.

† Cochin (Henri), membre de l'Institut, président de la Société des amis de l'École des chartes.

Costa de Beauregard (comte Olivier), membre de la Société des Antiquaires de Normandie.

Couderc (Camille), conservateur honoraire à la Bibliothèque nationale, chargé de cours à l'École des chartes, président de la Société de l'Histoire de France.

Courcel (Valentin Chodron de), archiviste-paléographe.

Courteault (Henri), conservateur aux Archives nationales, président de la Société de l'École des chartes, secrétaire de la Société de l'Histoire de France.

Coutan (Dr), président de la Commission des Antiquités de la Seine-Inférieure.

Croy (vicomte Joseph de), archiviste-paléographe.

Daucet (Raymond), archiviste de la Lozère.

Daupeley (Paul), imprimeur, à Nogent-le-Rotrou.

Davillé (Camille), archiviste du Jura.

Dehérain (Henri), conservateur de la bibliothèque de l'Institut de France.

Delaborde (comte H.-François), membre de l'Institut, professeur à l'École des chartes.

Delessard (Léon), archiviste de la Haute-Marne.

Demaison (Louis), correspondant de l'Institut, archiviste honoraire de la ville de Reims.

Deschamps (Paul), secrétaire de l'École des chartes.

Deslandres (Paul), conservateur à la bibliothèque de l'Arsenal.

Destray (Paul), archiviste de la Nièvre.

Didier, commis à la Bibliothèque nationale.

Didier (Henri), libraire-éditeur, à Paris.

Dieudonné (Adolphe), conservateur à la Bibliothèque nationale.

Dufourmantelle (Charles), ancien archiviste de la Corse.

Dufresne de Saint-Léon (Arthur), ancien attaché à la bibliothèque Mazarine.

Dumoulin (Joseph), archiviste-paléographe, imprimeur, juge au tribunal de commerce, à Paris.

Dupont-Ferrier (Gustave), professeur à l'École des chartes.

Durand (Georges), correspondant de l'Institut, archiviste honoraire de la Somme.

Duvernoy (Émile), archiviste de Meurthe-et-Moselle.

Eckel (Auguste), archiviste en chef du Bas-Rhin.

† Enlart (Camille), membre de l'Institut, directeur du Musée de sculpture comparée du Trocadéro.

Espinas (Georges), rédacteur aux archives du ministère des Affaires étrangères.

Fage (René), correspondant de l'Institut.

Faucher (Benjamin), archiviste de la Haute-Garonne.

Faure (Claude), archiviste en chef du Rhône.

Féret du Longbois (Henri), membre de la Société des Antiquaires de Normandie.

Font-Réaulx (Jacques de), archiviste de la Drôme.

Fournier (Paul), membre de l'Institut, professeur à la Faculté de droit de l'Université de Paris.

Fournier (Pierre), archiviste du Puy-de-Dôme.

Gabory (Émile), archiviste de la Loire-Inférieure.

Gadeau de Kerville (Henri), à Rouen.

Gastineau (Marcel), bibliothécaire-archiviste de la manufacture de Sèvres.

Genestal de Chaumeil (Robert), président de la Société des Antiquaires de Normandie et de la Société d'histoire du droit normand.

Giard (René), archiviste-paléographe, libraire-éditeur à Lille.

Grandmaison (Louis Loizeau de), ancien archiviste d'Indre-et-Loire.

Graziani (Paul), archiviste de la Corse.

† Guigue (Georges), archiviste honoraire du Rhône.

Guillaume (Joseph), conservateur de la bibliothèque et des archives municipales de Caen.

† Haussoullier (Bernard), membre de l'Institut, directeur à l'École des hautes études.

Huard (Georges), bibliothécaire à la Bibliothèque nationale.

Hunger, membre de la Société des Antiquaires de Normandie.

Imbert (Léo), archiviste de Vaucluse.

Isnard (Albert), conservateur honoraire à la Bibliothèque nationale.

Jarry (Eugène), archiviste-paléographe, à Orléans.

Jeanbernat-Barthélemy de Ferrari-Doria (Emmanuel), à Marseille.

Jobbé-Duval (Émile), professeur honoraire à la Faculté de droit de Paris.

Join-Lambert (André), député de l'Eure.

Jouanne (René), archiviste de l'Orne.

Jubert (Paul), bibliothécaire à la bibliothèque de Rouen.

Jusselin (Maurice), archiviste d'Eure-et-Loir.

Labande (L.-H.), membre de l'Institut, conseiller d'État et conservateur des archives du palais de Monaco.

Laborde (comte Alexandre de), membre de l'Institut, président de la Société des Bibliophiles françois.

Labrosse (Henri), directeur des bibliothèques et des archives de la ville de Rouen.

Laloy (Émile), conservateur honoraire à la Bibliothèque nationale.

La Martinière (Jules Machet de), archiviste du Morbihan.

Lanco (Pascal), archiviste de la Vendée.

Langlois (Charles-Victor), membre de l'Institut, directeur des Archives.

La Roncière (Charles Bourel de), conservateur à la Bibliothèque nationale.

Lasteyrie (Charles de), ancien ministre.

Latouche (Robert), archiviste des Alpes-Maritimes.

Lauer (Philippe), bibliothécaire à la Bibliothèque nationale, président de la Société nationale des Antiquaires de France.

Laurentie (J.), avocat à la Cour d'appel de Paris.

Laval (Éloi), archiviste de l'Ariège.

Le Cacheux (Paul), archiviste de la Seine-Inférieure.

Ledos (E.-Gabriel), conservateur-adjoint à la Bibliothèque nationale.

Lefèvre-Pontalis (Germain), ancien secrétaire d'ambassade, président de la Société de l'histoire de Paris et de l'Ile-de-France.

Lefranc (Abel), professeur au Collège de France.

Le Male (chanoine), membre de la Société des Antiquaires de Normandie.

Lemoine (Jean), archiviste au ministère de la Guerre.

Lempereur (Louis), archiviste honoraire de l'Aveyron.

Lesort (André), archiviste de Seine-et-Oise.

Le Sourd (Auguste), archiviste-paléographe.

Le Tonnelier (Gaston), archiviste de l'Isère.

Le Verdier, vice-président du Conseil général de la Seine-Inférieure, président de la Société de l'histoire de Normandie.

Levillain (Léon), archiviste-paléographe, professeur au lycée Janson de Sailly.

L'Hermitte (Julien), archiviste de la Sarthe.

Liegard, président de l'Académie des sciences, arts et belles-lettres de Caen.

Loirette (Gabriel), archiviste de la Gironde.

Longuemare (De), directeur de l'Association normande, conseiller général du Calvados.

Loriquet (Henri), conservateur de la bibliothèque de Reims.

Luzu (Roger), archiviste-paléographe.

Lyon (Ernest), archiviste-paléographe, avocat à la Cour d'appel de Paris.

Macon (Gustave), conservateur-adjoint du musée Condé, à Chantilly.

Manteyer (Georges Pinet de), archiviste des Hautes-Alpes.

† Mareuse (Edgar), ancien président de la Société de l'histoire de Paris et de l'Ile-de-France.

Marichal (Paul), conservateur-adjoint aux Archives nationales.

Martin (André), conservateur-adjoint à la Bibliothèque nationale.

Martin (Henri), administrateur honoraire de la bibliothèque de l'Arsenal.

Maurice (Jules), membre de la Société nationale des Antiquaires de France.

Metzger (Lucien), archiviste-adjoint du Bas-Rhin.

Meurgey (Jacques), attaché au Musée des arts décoratifs, trésorier de la Société de l'École des chartes.

Mirot (Léon), conservateur-adjoint aux Archives nationales, secrétaire de la Société de l'École des chartes.

Moranvillé (Henri), bibliothécaire honoraire à la Bibliothèque nationale.

Moreau-Nélaton, membre de l'Institut.

Morin (Louis), bibliothécaire-adjoint et archiviste de la ville de Troyes.

Mortet (Charles), administrateur honoraire de la bibliothèque Sainte-Geneviève, professeur honoraire à l'École des chartes.

Omont (Henri), membre de l'Institut, inspecteur général des bibliothèques, conservateur à la Bibliothèque nationale.

Pannier (le pasteur Jacques), bibliothécaire de la Société de l'histoire du protestantisme français.

Pasquier (Félix), archiviste honoraire de la Haute-Garonne.

PETIT (Auguste), archiviste de la Haute-Vienne.

PETIT-DUTAILLIS (Charles), inspecteur général de l'Instruction publique, directeur de l'Office national des Universités.

PICARD (Auguste), archiviste-paléographe, libraire-éditeur.

POCQUET DU HAUT-JUSSÉ (Barthélemy), bibliothécaire à la Bibliothèque nationale.

PORÉE (chanoine), correspondant de l'Institut, curé de Bournainville (Eure).

POUPARDIN (René), professeur honoraire à l'École des chartes.

PRENTOUT, professeur d'histoire de Normandie à l'Université de Caen.

PREVOST (G.-A.), ancien magistrat, vice-président de la Société de l'histoire de Normandie.

PRIGENT (René), archiviste du 2e arrondissement maritime, à Brest.

PRIVAT (Édouard), archiviste-paléographe, libraire-éditeur, président du tribunal de commerce, à Toulouse.

PROU (Maurice), membre de l'Institut, directeur de l'École des chartes.

QUENEDEY (commandant R.), président des Amis des monuments rouennais, membre de la Commission des Antiquités de la Seine-Inférieure, à Rouen.

RENAULT (abbé), aumônier du lycée Jeanne d'Arc, à Rouen.

RIGAULT (Abel), sous-chef du bureau des archives au ministère des Affaires étrangères.

RITTER (Georges), archiviste aux Archives nationales.

ROHMER (Régis), archiviste de la Corrèze.

ROSEROT DE MELIN (Mgr Joseph), archiviste-paléographe, vicaire général à l'armée du Rhin.

ROSTAND, vice-secrétaire de la Société des Antiquaires de Normandie, conseiller général de la Manche.

ROUSSEAU (François), secrétaire de la Société de l'histoire de Paris.

ROUSSET (Maurice), archiviste de la Meuse.

SAINTE-AGATHE (comte Joseph DE), archiviste-paléographe.

SALVINI (Joseph), archiviste de la Vienne.

SAUVAGE (René), archiviste du Calvados, secrétaire de la Société des Antiquaires de Normandie.

SCHMIDT (Charles), archiviste aux Archives nationales, président de l'Association des archivistes français.

SERVOIS (Gustave), directeur honoraire des Archives, président d'honneur de la Société de l'École des chartes.

SIMON (abbé), président de la Société historique de Lisieux.

TERLINE (baron Joseph MACQUART DE), archiviste-paléographe.

THOMAS (Antoine), membre de l'Institut, professeur à la Faculté des lettres de l'Université de Paris.

THOMAS-LACROIX (Pierre), archiviste de la Manche, à Saint-Lô.

TOUCHET (colonel DE), ancien président de la Société des Antiquaires de Normandie, à Caen.

TOURNADRE (Guy DE), bibliothécaire à l'Université de Lyon.

TOURNOÜER (Henri), conseiller général de l'Orne, président de la Société historique et archéologique de l'Orne et de la Fédération des Sociétés normandes.

VIARD (Jules), conservateur aux Archives nationales.

VIDIER (Alexandre), conservateur honoraire à la Bibliothèque nationale, inspecteur général des bibliothèques et des archives.

VILLAULT-DUCHESNOIS (J.), député et conseiller général de la Manche.

VILLEPELET (Robert), conservateur-adjoint aux Archives nationales.

NOGENT-LE-ROTROU, IMPRIMERIE DAUPELEY-GOUVERNEUR.

www.ingramcontent.com/pod-product-compliance
Ingram Content Group UK Ltd.
Pitfield, Milton Keynes, MK11 3LW, UK
UKHW020352180726
13839UKWH00003B/1055